TYPEDIRECTION IN JAPAN 1994-95

知と美の字。　　　年鑑日本のタイポディレクション '94-'95

Tokyo Typedirectors Club

東京タイポディレクターズクラブ編集

P·I·E BOOKS

目次　Contents

序文：浅葉克己 ——————————————— 3
Preface: Katsumi Asaba

受賞者の紹介（会員／一般部門）——————— 6
Introduction of Prize Winners

受賞作品（会員／一般部門）————————— 10
Prize Winners' Works

特集1.ハングル文字の世界 ————————— 22
安　尚秀／浅葉克己／江並直美／タナカノリユキ
A Close Encounter with the World of Hangul Characters
Ahn Sang-Soo, Katsumi Asaba, Naomi Enami, Noriyuki Tanaka

特集2.ビジュアルメッセージ：————————— 30
MAP BY TOMATO, London

特集3.タイプミュージアム（ロンドン）創設基金のお願い ——— 34
Information: Friends of The Type Museum Found Raising Project

掲載作家一覧 ——————————————— 36
Typedirectors' Index

会員部門優秀作品 ————————————— 42
Excellent Works from Members' Entries

一般部門優秀作品 ————————————— 118
Excellent Works from Non-members' Entries

特集4．TOKYO TDC 扇子競作シリーズ ———— 200
Paper Fans Created by TDC Members

特集5.クローズアップ部門：ジョン前田 ————— 206
Tokyo TDC Picks Some Up-And-Coming Artist "Close-up" John Maeda

特集6.追悼・中西亮 ———————————— 218
Tribute: Akira Nakanishi (A Collector of the Worlds' Written Characters)

特集7.追悼・林　隆男 ———————————— 220
Tribute: Takao Hayashi (A Typographer, TDC Member)

会員住所録 ——————————————— 223
Members' Address

広告 —————————————————— 232
Advertisement

序文
浅葉克己

戦後50年。大きな節目の年だ。節目は大切だから、みんなで触って、さすって、たたいて、全方向から議論するべきだ。

「和魂洋才」という言葉がある。デザイを標榜する上で大切な気分であった。しかし、この言葉を日本人が使い始めたのは比較的最近のことで、それ以前、日本人の精神にずーっと根づいていたのは「和魂漢才」だった。「和魂」は、漢からも洋からもたくさんのことを学んだ。その和魂として、そろそろ、きちんと答えを出すべき時が来たのではないだろうか。

『年鑑日本のタイポディレクション'94−'95』に、国内外から素晴らしい作品が集まった。審査員として我々会員の他に、前回金賞を受賞したマシュー・カーター氏も参加してくれた。「TDCは年鑑や展覧会にとても自由な考えを持っている。その自由さから、純粋さを備えた力強いイメージのタイポグラフィ作品が生まれている。優れた欧文文字も出てきている。海外からの作品も、ここではより輝いて見える。タイプとイメージの混在。東京のタイポディレクターたちの文字を操る見事さにあらためて感動した。」 カーター氏の審査後の感想である。さて、今年の受賞作を紹介しよう。

会員金賞は初めて3人の合同受賞だ。仲條正義氏、泉屋政昭氏、眞木準氏による『チョイス展』ポスター作品。「公然大切物陳列罪」という不思議なタイトルに仲條正義ならではのユニークな記号絵。B全倍版4枚という大作だ。銀賞は私、浅葉克己。大文字と小文字がなぜ存在するのか。その疑問を素直に組み合わせてみたことへの評価だろうか。銅賞は味岡伸太郎氏の『大蔵』ポスター作品。大蔵と名付けられた漆塗りの立派な器。そのコンセプトを日本文字と写真によって重厚に表現した。

一般金賞は南部俊安氏の建築事務所のイメージポスター。建築家のイメージをグラフィックデザインで可能な限り拡大して見せてくれたシリーズ作品。銀賞はロンドンの気鋭のアーティスト集団『トマト』のメンバー、ジェイソン・ケッジレイの実験作品だ。コンピュータを使いながら、あえてローテックな見せ方を試みている。どこまでも続くような常に抽象的な面と線が新鮮だ。銅賞はニクラウス・トロクスラーのジャズ・コンサートのポスター。トロクスラー氏はTDCの毎回賞候補者で、今回初の受賞となった。

TDCが注目する作家の紹介、クローズアップでは、27歳の若き天才を取りあげている。"メタデザイニング"。コンピュータでこそ実現できるデザインコンセプトを打ち立て、全く新しい概念のデザインに取りくんでいる作家、ジョン前田だ。その他、韓国ハングル文字など特集もお楽しみいただきたい。

また昨年、文字に情熱を傾けた二人の同志が亡くなった。会員の林隆男氏、文字研究家の中西亮氏。年鑑で追悼の特集を組むのは、実に残念なことだ。

今回の年鑑の合言葉は「知と美の字」。一度大きな声を出して読んでほしい。21世紀まで5年。TDCもビジョンの実現にむけて急がねばなるまい。

1995年5月
東京タイポディレクターズクラブ会長

Preface
Katsumi Asaba

This is the 50th year since the end of war, so it is a significant time. Since these landmark times are important to everyone, we should all get in touch with it and feel the meaning of it inside ourselves. The issues arising from these feelings should be argued publicly and freely. We quite often hear the expression "Japanese soul with a talent for Western application," a notion often held dear by those who aspire to artistic design and creation. However, this expression is of relatively recent coinage. Long before that, "Japanese soul with a talent for Chinese application" had taken deep root in the creative spirit of the Japanese. This Japanese soul has learned a great deal from the Chinese and Western cultures and it is probably time that it came up its own, wholly unique response.

"Typedirection in Japan 1994 - 95" attracted a number of outstanding art works both from Japan and overseas. Matthew Carter, who won the Gold Prize last year, joined the panel of judge this year, together with our members. Mr Carter commented after the judging session, that "The Tokyo Typedirectors has a liberal interpretation on their art, and on their exhibitions. This makes for a fine diversity : some pure typography and some powerful images ; but best of all some combinations of type and image so instinctively right. Even the non-members' entries from overseas shine brighter in this company than they do at home. Tokyo is the typographic capital of the world. In Tokyo the typedirectors really direct their type. This much I have learn from Tokyo TDC." Now on to this year's winners.

For the first time, the Gold Prize went to a collaboration of three artists. The prize went to Masayoshi Nakajo, Masaaki Izumiya, and Jun Maki for their posters for the "Choice Exhibition." This art work, mysteriously entitled "Public Display of Valuable-Object Crime," features Masayoshi Nakajo's signature icons. This is a huge work consisting of four full B-0-size pieces.

I, Katsumi Asaba, won the Silver Prize. I guess my guileless musings as to why there are upper case and lower case letters, which resulted in my combining the cases in my piece, was appreciated by the panel. The Bronze Prize went to Shintaro Ajioka for his imposing lacquered vessel "Okura." Its concept is solemnly expressed with Japanese characters and photographs.

The Non-members' Gold went to Toshiyasu Nanbu for his image posters, commissioned by an architect's office. The series of image posters presents architectural images, expanded and amplified to the maximum through graphic design. The Silver Prize went to Jason Kedgley, who is a member of the leading-edge artists' group "Tomato" in London, for an experimental work. He takes full advantage of computer technology but his art work presents an intentionally low-tec look; abstract surfaces and lines that are simple, daring and seem to partake of infinity. The Bronze went to Niklaus Troxler for a jazz concert poster. Mr. Troxler, who has been a candidate for a TDC Prize before, finally won it this year.

In our close-up, which introduces up-and-coming artists that TDC has a special interest in, we spotlight the genius of 27-year old John Maeda, whose totally new meta-design concepts can be realized only through computers. We also carry a feature on Hangul characters. It is with a saddened heart that we compile here a tribute for two wonderful people who passed away last year. Takao Hayashi, who had an unwavering passion for letters and Akira Nakanishi, who was a great scholar of letters, are going to be missed sorely by us all. In putting together this year's yearbook, our motto was "letters of intelligence and beauty," and I want you to read it out loud, just once. There are only 5 years left before the turn of the century and we at TDC intend to be ready for the next millennium.

May 1995
Tokyo TDC Chairman, Katsumi Asaba

受賞者の紹介　Introduction of Prize Winners
受賞の言葉・略歴　Winners' Comments and outline of their careers

● 会員金賞：仲條正義／泉屋政昭／眞木準

1993年の暮に泉屋氏から電話があって、チョイス展のB倍4連ポスターをやらないかと言われ、いつも若者たちに賞をさらわれているから、今回ADは泉屋、コピーは眞木準、デザインは僕という「大人の仕事をしよう」ということで始まった。最初はヘアヌードが世を騒がしはじめたころで、毛ということで同意したが、とてもまとまらず、こんな結果となったが、賞をいただいて面目をたもつことは出来た。───仲條正義

Members' Gold Prize : Masayoshi Nakajo, Masaaki Izumiya, Jun Maki
Toward the end of 1993, I got a call from Mr. Izumiya. He wanted me to work on a 4-part poster for the Choice Exhibition. We agreed that all the prize usually go to young hot-shots and it was about time for us grown-ups to show them what we could do. That's how this collaboration, with Izumiya as Art Director, Maki as Copywriter and myself as Designer, took off. Around the time we started this project, people were getting all excited about nude pictures showing public hair so the three of us agreed to feature hair. We just couldn't agree on how it should be done, so in the end, it wasn't possible to do one image.
This is the result. Anyway, I really appreciate this prize; otherwise we would have had to eat crow, I suppose.───Masayoshi Nakajo

● 会員銀賞：浅葉克己

ヘンリー・ミラーは、大文字のライフを生きよと書いた。この文章を若い時に読んで、僕は訳も解らず、大文字のライフを生きるぞと思った。尊敬する作家の一行の文章ほど、若者にビジョンを与えてくれるものはない。鼻柱が強くなり、腕っぷしはそれほど強くないのに毎晩ケンカの夜が訪れた。

ハーバート・バイヤーは25才で小文字の設計をして、建築物や印刷物に小文字だけでデザインして、いままでにない新鮮なバウハウス・タイポグラフィを誕生させた。

ラテン文字になぜ大文字・小文字があるのか不思議なことだった。そんな事柄が心の中にあり、大文字と小文字を一緒に入れ込んだデザインを試みた。

人間50才をすぎると、大文字の人生も、小文字の人生も歩まねばならぬと知るのである。

Members' Silver Prize : Katsumi Asaba
Henry Miller once wrote that we should "live a LIFE." When I read this as a young man, I decided I would live a LIFE even though I wasn't sure exactly what it meant. There is nothing like a line from a writer we respect to expand our vision when we young. I became aggresive, and although I wasn't physically strong, I entered a period of belligerence marked by nights of street fighting. Harbert Bayer designed some lower-case typeface when he was 25, which he used onbuildings and printed matter. That was the birth of Bauhaus typography that was radically new.
I often wondered why there were upper and lower case letters in Latin. It's one of the things that has always been on my mind and this is why working on designs that combine upper and lower case letters.
Now that I am past 50, I know that one has to live a LIFE and also a life.

Masayoshi Nakajo
1933年生まれ。1956年東京芸術大学美術学部図案科卒。㈱資生堂宣伝部、㈱デスカを経て1961年㈱仲條デザイン事務所設立。1992年度東京TDC金賞受賞。毎日デザイン賞、東京ADC会員最高賞受賞他受賞歴多数。

Born in Tokyo in 1933. Graduated from the Tokyo University of Fine Arts and Music in 1956. After working in the advertising division of Shiseido Co. and at Deska Co., established the Nakajo Design Office in 1961. Award he has recieved include : Tokyo Typedirectors Club Members'Gold Prize (1992), Mainichi Advertising Design Award, Tokyo ADC Members' Grand Prize.

Masaaki Izumiya
1945年石川県金沢市生まれ。1967年金沢美術工芸大学グラフィックデザイン科卒。1972年㈱博報堂入社、現在に至る。現在クリエイティブディレクター。受賞歴：クリオ賞。IBA賞。パリ国際野外広告グランプリ。N.Y.イラストレーターズクラブ賞。N.Y.ADC賞。全国カタログポスター展。朝日広告賞。毎日広告賞デザイン賞。日経広告賞。フジサンケイグループ広告大賞。雑誌広告賞、広告電通賞。ACC賞。東京ACC賞他賞多数。東京ADC会員。N.Y.ADC会員。

Born in Ishikawa Prefecture in 1945. Graduated from Kanazawa college of Arts in 1967. Joined Hakuhodo Inc. in 1972, and now creative director. Award he has recieved include : Clio Prize, Paris International Outdoor Advertising Award, Mainichi Advertising Design Award, Nikkei Advertising Award, Yomiuri AdvertisingAward, Fuji-Sankei Group Advertising Grand Prize, Japan Magazine Advertising Prize, Dentsu Prize, ACC Prize, Tokyo ADC Prize. He is a member of Tokyo ADC and N.Y. ADC.

● 会員銅賞：味岡伸太郎

永い時の淘汰をくぐり抜き、幾多のなかより選び抜かれ、現代の私たちに伝えられた意味を持つ形としての文字。そこには民族の総意としての美意識が秘められている。より美しく、より速く、より正確にと書き続けられることにより現在の形に定着されてきた。文字には多くの決め事がある。その形と意味するものとの関係は当然ではあるが書き順に至るまですべて決められている。しかし決め事が私たちを束縛することはない。いや、むしろ限りない可能性をたずさえて、私達の訪れを待ちかまえている。決め事ゆえに生み出される必然的な形に私は喜びを見いだしている。そして、なによりも文字にこめられた民族の歴史に感謝したい。

Members' Bronze Prize : Shintaro Ajioka

Letters have gone through the seive called time and those that have survived the wedding out process - the letters we have now in contemporary society - have their own meaning and space. We inherit these letters as they are. The esthetic of letters carries with it a sence of the race or ethnic group that invented them. Their shapes settled into the current forms as generations of people used them, always trying to refine them and wright them more beautifully, more quickly or more accurately. There are so many rules of convention that people accede to concerning letters, not only the relationships between their shapes and meaning but even the order of strokes. However, there is no reason for us to be restrict by such conventions. On the contrary, it is also true that I take pleasure in the absolutely necessary shapes which inevitably emerged from those rules. I also appreciate the history of the race which is embraced the letters.

Jun Maki
1948年愛知県生まれ。1971年慶応義塾大学経済学部卒。㈱博報堂入社。ソニー、全日空、キャノン、サントリー等の広告制作を担当。同社制作室でコピーライターとして12年の経験の後、1983年フリーランスとして独立、眞木準企画室主宰。伊勢丹、ビクター、TDK、大塚製薬、キリン等の広告制作を担当。東京ADC賞、毎日デザイン賞他受賞歴多数。

Born in Aichi Prefecture in 1948. Graduated from Keio University in 1971, and joined Hakuhodo Inc. after working as copywriter at the agency for 12 years, established Maki Jun Pro. in 1983. His clients include Isetan Co., BMG Victor Inc., TDK, Otsuka Pharmaceutical Co. and Kirin Brewery Co. He has received Tokyo ADC Prize, Mainichi Advertising Design Award and other prize.

Katsumi Asaba
1940年横浜市生まれ。㈱ライトパブリシティーを経て、1975年㈱浅葉克己デザイン室を設立。サントリー、西武百貨店、セゾングループ、アリナミンA25、日清カップヌードル等数々の広告を手がける。東京TDC会長、東京ADC委員、JAGDA理事、日本卓球協会評議員。1965年日宣美特選を皮切りに、日本宣伝賞・山名賞など受賞多数。'95年2月公開の映画「写楽」では美術監督を務めた。

Born in Kanagawa Prefecture in 1940. Established Asaba Design Co., Ltd. in 1975, after working at Light Pulicity Ltd. Among his clients are Suntory, the Seibu Department Stores, the Seibu Saison Group, Takeda Chemical Industries, Nissin Food Products Co. He is the chairman of the Tokyo TDC, a Committee member of Tokyo ADC, the direcor of JAGDA, A councilor of Japan Table Tennis Association. With JAAC Special Selection as a start, he has a number of awards, Including JAAC Prize Yamana Prize. He worked as art director in the film "Sharaku," which was released in February 1995.

● 一般金賞：南部俊安

コンピュータの世界が言語的世界をベースになりたっているのは周知の事実であるが、タイポグラフィが文字や言葉の概念をビジュアル化する行為であることがむしろ偶然にしろ両者とも時代の潮流にある点において一致している。コンピュータやタイポグラフィの言語的世界が支配する映像世界への変換関係を真に理解することが創造へのキーワードになるのではないか。今回の建築設計事務所のイメージポスターは都市を軸とし、地図・空間・構造体などグリッドをベースに記号化している。増幅されたイメージは削ぎ落とす作業がむずかしく、清新でシンボリックで透明感のある記号の断片を二次元の平面に立ち上がらせることができたかどうかが課題でした。それらの作品に金賞という冠と自信を与えていただいた事に深く感謝しております。ありがとうございました。

Gold Prize : Toshiyasu Nanbu

Everyone now understands that the world of computers can only exist on the basis of language. Typography is an act which visualizes the concept of letters and words. Both computers and typographys are a main current of our times. I think that the key to successful creation now, is to understand the kind of relationships through which the linguistic world of computers and typography is converted into the visual world. The image poster I produced for an architectural design office, for which I won this prize, features a city as an axis, with maps, spaces and structures symbols that were cleanly symbolic and transparent on a two dimentional flat surface. I greatly appreciate your awarding this prize to me since, by doing so, you have given me something truly precious; conviction of the worth of my work. Many thanks.

● 一般銀賞：ジェイソン・ケッジレイ

7.23.64. ＞ ランダム

215.131.281.276.321.64.28.172.300 ＞ ランダム

21.45.111.40.102.91.29.13.42. ＞ ランダム

27.7.69. ＞ 出生

7./215./21. ＞ 反応

偶然の関連性によるプロセス、符号化を通じての「個人的な」表現。

新しい地図のための座標。──私の旅は始まったばかりだ。

Silver Prize : Jason Kedgley

7.23.64. ＞ randam

215.131.281.276.321.64.28.172.300 ＞ randam

21.45.111.40.102.91.29.13.42. ＞ random

27.7.69. ＞ birth

7./215./21. ＞ response

a process of chance associations, [personal] expression through condification.

co-ordinates for a new map. my journey just begun.

Shintaro Ajioka

1949年愛知県豊橋市生まれ。1964年頃よりグラフィックデザインに興味を持ち、その後美術にも興味を覚え、1980年以後、国内外にて個展。1990年より「地質調査」と題した土を使ったインスタレーション作品を各地で発表。1984年かな書体「小町・良寛」をデザイン。写植・アウトラインフォントとして広く使われている。1987年頃より建築デザインを始め、日本環境デザイン賞等を受賞。現在、美術・デザインに片寄らず、全てを継続中。

Born in Aichi Prefecture in 1949. He has held one person exhibitions regulary since 1980, and especially his 1990 project titled "Geological Survey" (installation using soil) is well-known. Designed 'Komachi・Ryokan' kana typeface in 1984. Also being architectural designing, he has won Commercial Space Design Award and other prize.

Toshiyasu Nanbu

1951年大阪生まれ。1969年大阪市立工芸高校図案科卒。1988年テイスト設立。東京デザイナーズスペースにてタイポグラフィをテーマにした個展4回、グループ展多数。主な受賞歴：NAAC展特選、日本タイポグラフィ協会ベストワーク、全国カレンダー展文部大臣賞、国際タイプフェイスコンテスト・モリサワ賞（審査委員賞）受賞など多数。

Born in Osaka in 1951. Graduated from Osaka High School of Industrial Arts in 1969. Established the Taste Inc. in 1988. He has held one person exhibitions on typography for four times at Tokyo Designers Space. Award he has received include : NAAC Special Selection, Japan Typography Association Best Work, Education Minister's Prize at All Japan Calendar Festival, International Typeface Design Competition / Morisawa Awards 1993 (Judge's Prize).

●一般銅賞：ニクラウス・トロクスラー

私は常々「年鑑日本のタイポディレクション」に掲載された受賞タイポグラフィックを素晴らしいと思っていました。ですから、そのクラブの賞を受賞できたことは非常に名誉なことです。多くの日本の方々がそうであるように、このような偉大なタイプデザイナーの面々と肩を並べることができることをとても幸せに感じています。特に、東京ＴＤＣが選択するタイプデザインの範囲の広さは注目に値するものです。私はルセルン芸術学校でグラフィックデザインを勉強する前は、伝統的なタイプセッターとしての修行を積みました。ですから「純粋な」タイポグラフィック・ポスターを今も尚、デザインせずにはいられないのです。

Bronze Prize : Niklaus Troxler

It's a great honour for me to get an award at the "Typedirection in Japan 1994−95" because I was always enormous impressed by the presented and awarded typographic works in the yearbook of this club. To be beside such great Typedesigners as many of the Japanese are is let me feel very happy. Especially the very large field of Typedesign chosen by the Jury of the Tokyo TDC is very remarkable. Before I studied Graphic Design at the Lucerne Art School, I did my apprenticeship as a classical typesetter. Even today, it's always a 'Must' for me to design one or two 'pure' Typography Posters !

Jason Kedgley
1969年ロンドン生まれ。1992年ロンドン・カレッジ・オブ・プリンティング、メディア＋プロダクションデザイン科卒。1994年トマトへ参加。

Born in London in 1969. Graduated from London College of Printing in 1992 and Central St. Matins School of Art in 1993. Joined TOMATO in 1994.

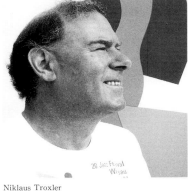

Niklaus Troxler
1943年スイス、ウィリザウ生まれ。1973年にグラフィックデザインスタジオを開設。ポスターデザインと壁画のスペシャリスト。本の装丁やテキスタイルデザインにも取り組んでいる。また、ウィリザウの自宅で自ら主催しているジャズコンサートのポスターを150点以上も制作。ワルシャワ、エッセン、富山などのポスタービエンナーレやN.Y. ADCなどの賞も多数受賞。AGIメンバー。

Born in Willsau / Switzerland in 1947. Started own Graphic Design Studio in 1973. Specialized in poter design and murals. Also Book cover and textile design. He is also an organizer of Jazz concerts at his home. He designed over 150 posters for these concerts. He has won important awards such as the Cultural Award of Central Switzerland in 1982, a Special Prize at the Warsaw Poster Biennial in 1990, 'the Toulous-Lautrec'· Gold and Bronze Medals at Essen Poster Triennial in 1987 and 1993, Bronze Medal at Toyama Poster Triennial in 1994 and many Awards from the ADC of Switzerland and N.Y. He is a member of AGI.

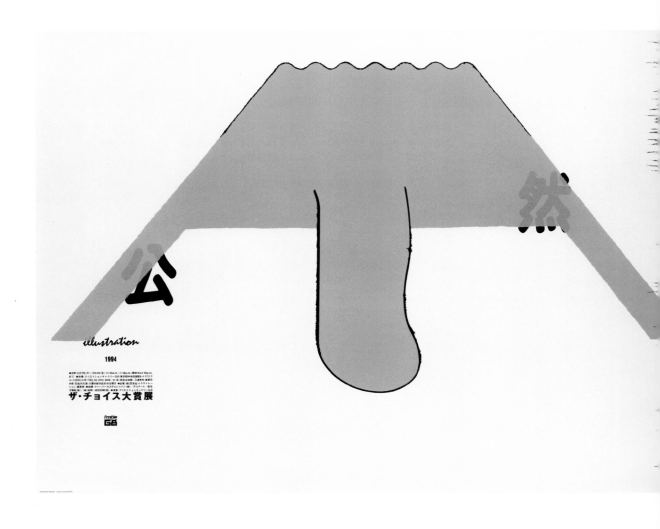

会員金賞　Members' Gold Prize

　　　　　1　Poster
TD.D.　｜仲條正義　Masayoshi Nakajo
TD.AD.　｜泉屋政昭　Masaaki Izumiya
TD.C.　｜眞木　準　Jun Maki
CL.　｜㈱リクルート　Recruit Co., Ltd.

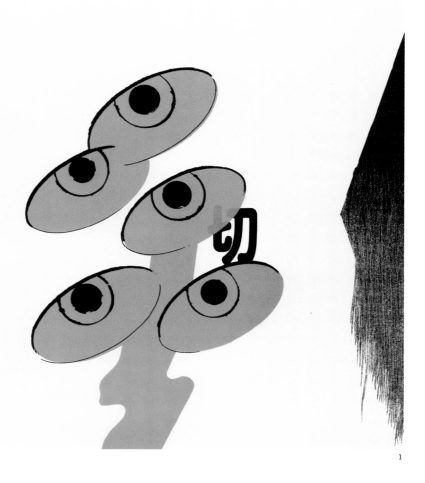

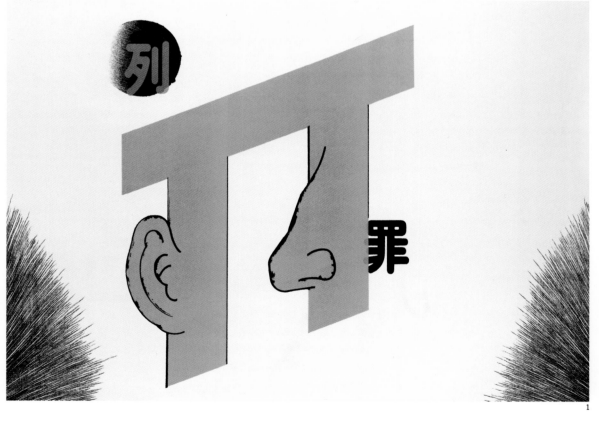

1

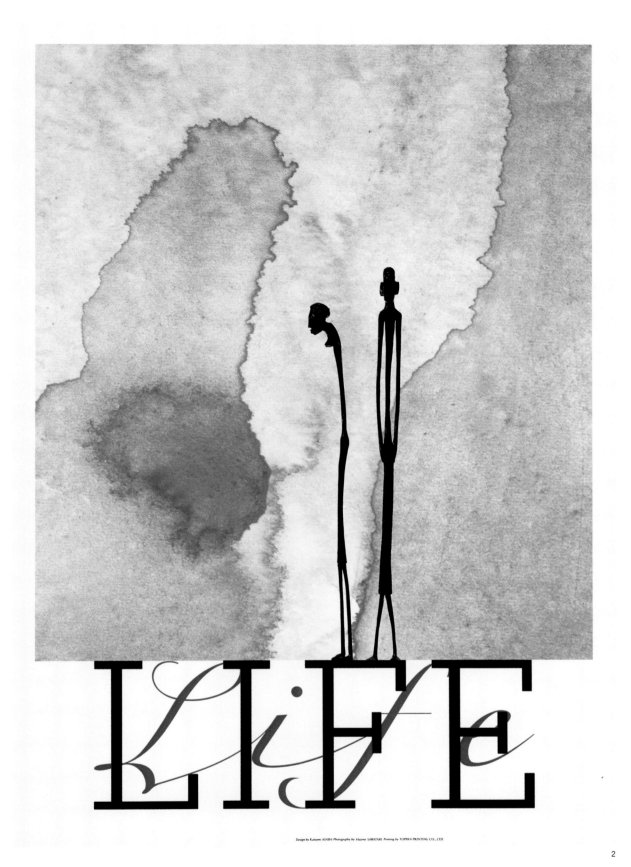

Design by Katsumi ASABA·Photography by Hajime SAWATARI·Printing by TOPPAN PRINTING CO., LTD.

2

会員銀賞　Members' Silver Prize

	2	Poster
TD.AD.	浅葉克己	Katsumi Asaba
D.	浅葉　弾	Dan Asaba
CL.	日本デザインコミッティー	Japan Design Committee

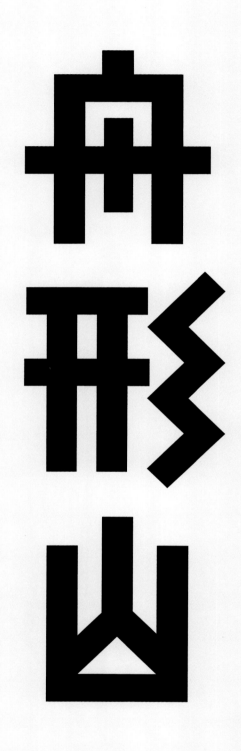

西へ進行する駿河の今川軍と、それを阻止する田原の戸田軍の武将たちが織り成す合戦絵巻の舞台となった舟形山。奈良時代に建立され、その後いくたびかの兵火にあいながらも戦国時代、今川義元によって再興された普門寺。暑さしのぎの柳と飢えしのぎの柿の木が植えられてあったという鎌倉街道。雲が生まれる谷と呼ばれる雲谷町。自然の恵み広葉樹が、冴える匠の技で美しい器に生まれ変わる大蔵。時を重ね、塗り重ね、積み重ねて箱となる。静寂の中で伝えられていく歴史と浪漫が、そこにある。

会員銅賞　Members' Bronze Prize

3　Poster
TD.AD.D.｜味岡伸太郎　Shintaro Ajioka
C.｜佐藤升唯　Masutada Sato
CL.｜大蔵　Ohkura

西へ進行する駿河の今川軍と、それを阻止する甲斐の武田軍たちが繰り返す合戦絵巻の舞台となった舟形山。奈良時代に建立され、その狭いくだびの出丘に兵火にあいながらも戦国時代、今川館近にようて再建された寺門前、勝ちしのぎの緑の林の茂る本が続ようだという。御菓街道、要が生まれると呼ばれる谷に町。自然の恵み広葉樹が、冴える影の様で美しに生まれ変わる谷に蔵。時を重ね、渡り重ね、積み重ねる葉に輝。駿府の中で伝えられていく歴史と浪漫が、そこにある。

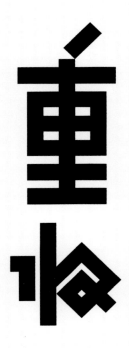

西へ進行する駿河の今川軍と、それを阻止する甲斐の武田軍たちが繰り返す合戦絵巻の舞台となった舟形山。奈良時代に建立され、その狭いくだびの出丘に兵火にあいながらも戦国時代、今川館近にようて再建された寺門前、勝ちしのぎの緑の林の茂る本が続ようだという。御菓街道、要が生まれると呼ばれる谷に町。自然の恵み広葉樹が、冴える影の様で美しに生まれ変わる谷に蔵。時を重ね、渡り重ね、積み重ねる葉に輝。駿府の中で伝えられていく歴史と浪漫が、そこにある。

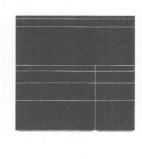

西へ進行する駿河の今川軍と、それを阻止する甲斐の武田軍たちが繰り返す合戦絵巻の舞台となった舟形山。奈良時代に建立され、その狭いくだびの出丘に兵火にあいながらも戦国時代、今川館近にようて再建された寺門前、勝ちしのぎの緑の林の茂る本が続ようだという。御菓街道、要が生まれると呼ばれる谷に町。自然の恵み広葉樹が、冴える影の様で美しに生まれ変わる谷に蔵。時を重ね、渡り重ね、積み重ねる葉に輝。駿府の中で伝えられていく歴史と浪漫が、そこにある。

西へ進行する駿河の今川軍と、それを阻止する甲斐の武田軍たちが繰り返す合戦絵巻の舞台となった舟形山。奈良時代に建立され、その狭いくだびの出丘に兵火にあいながらも戦国時代、今川館近にようて再建された寺門前、勝ちしのぎの緑の林の茂る本が続ようだという。御菓街道、要が生まれると呼ばれる谷に町。自然の恵み広葉樹が、冴える影の様で美しに生まれ変わる谷に蔵。時を重ね、渡り重ね、積み重ねる葉に輝。駿府の中で伝えられていく歴史と浪漫が、そこにある。

3

一般金賞　Gold Prize

　　　　　4　Poster
TD.AD.D.｜南部俊安　Toshiyasu Nanbu
　　　CL.｜トゥレジャリィ重村　Treasury Shigemura

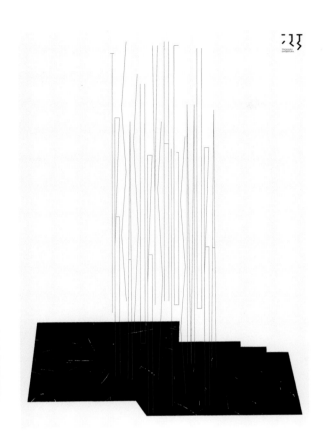

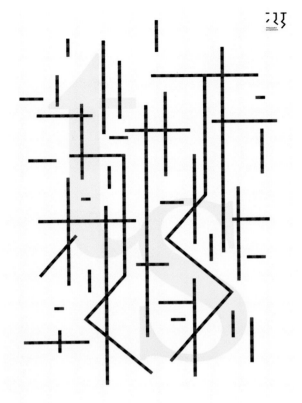

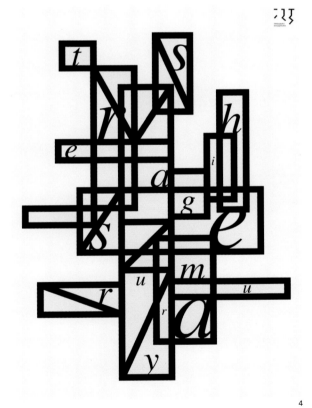

4

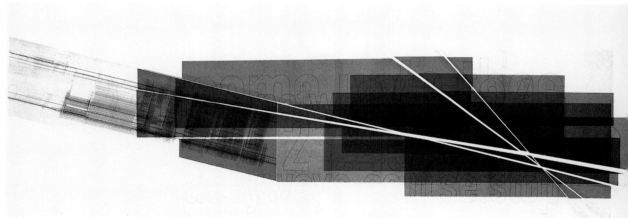

一般銀賞　Silver Prize

5　Experimental Work
TD.AD.D.C.A. | Jason Kedgley
| Non-Commercial Work

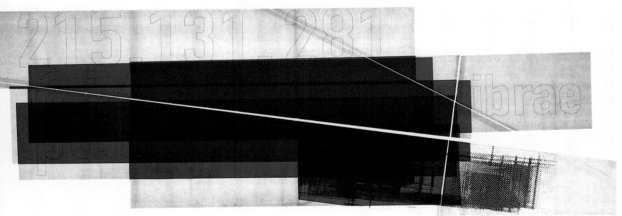

5

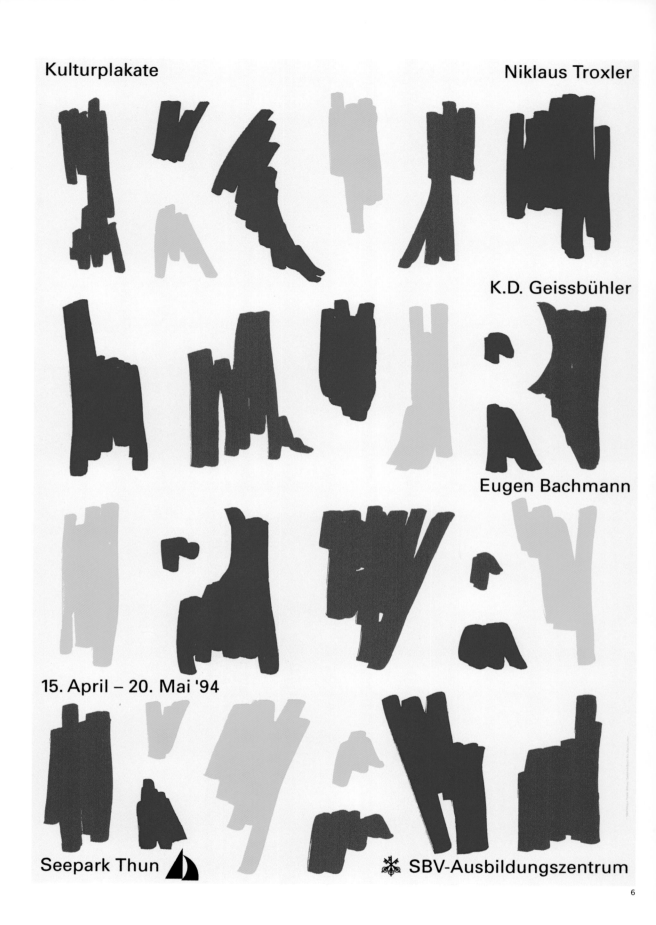

Kulturplakate

Niklaus Troxler

K.D. Geissbühler

Eugen Bachmann

15. April – 20. Mai '94

Seepark Thun

SBV-Ausbildungszentrum

一般銅賞　Bronze Prize

6　Poster
TD.AD.D.C.A. | Niklaus Troxler
CL. | SEEPARK THUN

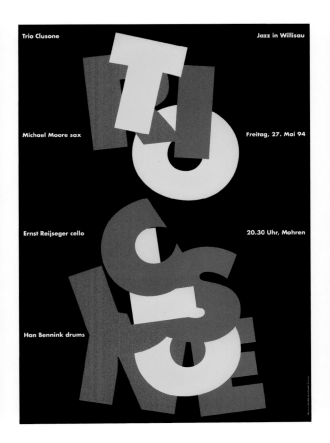

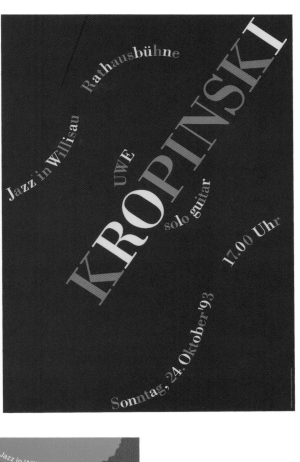

7

7 Poster
TD.AD.D.C.A. | Niklaus Troxler
CL. | Jazz in Willisau

写真・タナカノリユキ Photo by Noriyuki Tanaka

特集１．ハングル文字の世界
安 尚秀／浅葉克己／江並直美／タナカノリユキ
A Close Encounter with the World of Hangul Characters
by Ahn Sang-Soo, Katsumi Asaba, Naomi Enami and Noriyuki Tanaka.

ひと昔前まで、韓国を「近くて遠い国」と呼んでいた。現在では「近くて近い国」になったはずだが、ハングル語、ハングル文字についてはひとつ深いところがわからない。文字を知るには、文字のためだけにその国を訪ねて行かなければ、文字は立ち現れてこない。韓国に安尚秀さんという素晴らしいタイポグラファーがいると数年前より聞いており、昨年日本で出会った。今年３月、その安さんをソウルに訪ね、ハングル文字の成立や現状をこの目で確かめる機会を持った。私、浅葉克己と、アーティストのタナカノリユキ、安さんと旧知の『デジターローグ』の江並直美が同行した。コンピュータに入りやすく、"未来の文字"とさえ言われる、シンプルな構成の字体の魅力を堪能した貴重な旅だった。

安尚秀氏。

世宗大王記念館の入口。安氏のタイプデザインによるサインが見える。

安氏の作品集より。

安氏の作品集より。

ハングル文字の魅力 ― 安 尚秀氏を訪ねて／浅葉克己
The Appeal of Hangul Characters ― A Visit with Ahn Sang-Soo in Seoul
by Katsumi Asaba

5回目の韓国だ。二日間という強行スケジュール、どこまでハングル文字に迫れるか。空港に出迎えてくれた安さんの運転する車で、李朝第4代国王の世宗大王記念館へ直行した。ハングル文字は世宗大王(1397-1450)が学者の協力を得て1446年に制定、発布したものだ。それ以前は漢字が用いられていたが、漢字を知らない庶民大衆のために新しく作られた。発布当時は「訓民正音」と呼んだが、学者、同時経(1876-1914)が「大いなる文字」を意味する「ハングル」という名前を付けたそうだ。記念館には、ハングル文字が生まれる劇的な感動が静かに渦巻いていた。成立の過程、木版活字、活版活字、印刷機の発達の歴史、ハングル書道、李朝の歴史絵画などの展示を見た。

安さんのアトリエを訪ねた。彼はアーティストでグラフィックデザイナー。タイポグラファーで、タイプフェイスもデザインする。大学の教授でもあり、教育者で思想家という面持ちの人だ。8台のコンピュータに囲まれたアトリエで、ハングル文字に関する安さんの特別講義が始まった。

①5千年になる人類の文字の歴史を人の人生に重ねると、漢字とローマ字は50才。ハングルは6才という若さだ。

②漢字やローマ字は作者が誰かわからないが、ハングル文字は作った人もわかる。つまり原理が誰にも理解できる。

③漢字は象形文字。ローマ字も象形文字から表音文字になったが、ハングルは最初から表音文字として作られた。

④形態がもっとも簡単である。地球上もっともおぼえやすい文字であり、韓国の文盲率は1%以下というデータもある。一つの音が一つの字だ。

ハングルの成立は、自然の理からできている。宇宙を見る方法である陰陽五行(木火土金水)の思想。声音原理(声を出した音の原理)、つまり母音字母10、子音字母14の組み合わせで何億万種の音の組み合わせが可能だ。安さんは2時間に渡って熱っぽく語ってくれた。

今まではハングル文字を正方形の中に見ていたが、原理を見ると、四方形の中に入り込む文字ではないか。この考え方から安さんのタイプフェイスは作られている。ハングル文字を解体し、もう一度作り変えたのだ。街のあちこちに彼のタイプフェイスを見ることができる。心理的な可読性は低いが、生理的な可読性は高いのだと自作を語った。

「ハングル文字がなかったら韓国に文化的独立はなかった。韓国最高のクリエイターは世宗大王だ。そこにもう一度立ち返り、新しいクリエイティブを起こすのが私の役目だ。」印象的な言葉で講義は終了した。日本には「和魂洋才」という言葉があるが、韓国では「東道西器」と言う。西器とはコンピュータのことではないか。簡単原理なハングルはコンピュータの出現によって高速に進展するだろう。

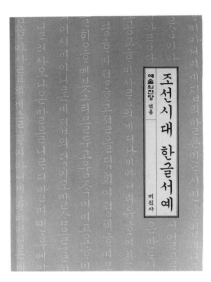

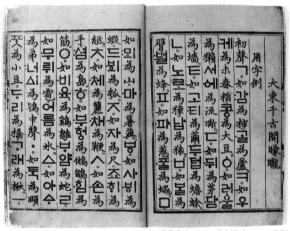

浅葉氏がソウルの古本屋でみつけた書籍。

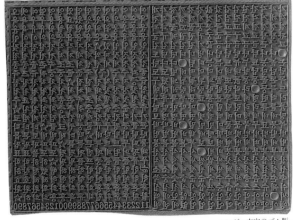

ハングル文字のゴム版。

テキスト：ハングルの宇宙／안상수（安 尚秀）
The World of Hangul Characters by Ahn Sang-Soo

私は「ハングル」を創製された世宗大王を尊崇する。世宗大王との交信を願っている。そのため私はチューニングをする。交信の暗号を解く鍵は、唯一の証拠物である『訓民正音解例』をよく見ることだ。その存在の前では、私は勝手に文章を書くことができない。その中にある『制字解』は、ハングルの思想そのものである。したがって私は、制字解を、私の文章の代わりにここに紹介しようと思う。李成九教授の訳をかりることにする。

宇宙の根本原理は、一つの陰陽五行の原理のみである。坤卦と復卦の間が太極となり、太極が動いて陽となり、静まって陰となる。およそ天と地の間に、生命のある群れは陰陽の原理を捨て、どこへ行くであろうか。それゆえ、人の音声にもすべて陰陽の理致があるが、むしろ人がこの理致をわかっていないだけである。今日、訓民正音を作ったのも、智慧で成し、努力をして発見したのではなく、ただその声音の原理にそって、その理致をつくしただけである。理致は二つではなく一つなのであるから、天地鬼神と共に共用しようではないか。

訓民正音の28字はそれぞれその形状をまねて作った。初声字は全部で17字ある。

牙音の字ㄱは、舌根が咽喉を閉める形状をまね、舌音の字ㄴは、舌が上の歯ぐきにひっつく形状をまね、辰音の字ㅁは口の形状をまね、歯音の字ㅅは、歯の形状をまね、喉音の字ㅇは、咽喉の形状をまねた。ㅋはㄱより音が少し激しいので、劃を一つ加えた。

    ㄴからㄷ、ㄷからㅌ

    ㅁからㅂ、ㅂからㅍ

    ㅅからㅈ、ㅈからㅊ

    ㅇからㆆ、ㆆからㅎへ

音に従って劃を加えた意味は全部同じであるが、唯一ㅇだけは違う。半舌音ㄹと半歯音もまた舌と歯の形状をまねたものであるが、その体型が違うだけで、劃を加えた別の意味はない。

およそ人が音声を持っているのは五行にその根本がある。したがって音声の原理を四季の理致にてらしてみても正しく、宮、商、角、緻、羽の五音の原理からみても間違っていない。

喉は口の奥深いところにあり、水気があるので五行の水に該当する。喉から出る音が虚で、つまることなく通るのは、水がきれいで、よく流れることと同じである。季節としては冬にあたり、五音としては羽に該当する。

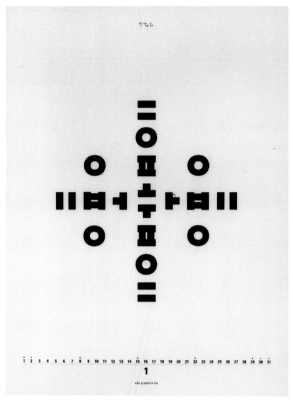

安氏のカレンダー作品より。

牙はまつわり、長いので五行の木に該当する。その音が喉音に似ているが、木が水から出るのに形状がちゃんとあるのと同じである。季節でいうと春にあたり、五音としては角に該当する。

舌はするどく、またよく動くので五行の火に該当する。その音が転がり、飛ばされるのは、火がひろがり、またゆらゆらするのと同じである。季節でいうと夏にあたり、五音としては緻に該当する。

歯は固いので他のものを切ることができるから、五行の金に該当する。その音が砕かれ、ひっかかるのは、鉄が砕かれるけれども鍛錬されるのと同じである。季節でいうと秋にあたり、五音としては商に該当する。

唇はかくばって閉じられるので、五行の土に該当する。その音が含みがあり、ひろがるのは、土が万物を含蓄して広大なのと同じである。季節でいうと季夏にあたり、五音としては宮に該当する。

ところで水は万物を生かす根源であり、火は万物を成す作用をする。したがって五行の中では水と火が重要である。喉は音を出す門であり、舌は音を弁別することを主管する。であるから牙音、舌音、唇音、歯音、喉音の五音の中で、水に該当する喉音と火に該当する舌音が重要である。舌と歯はその次にあるので、南と西の位置である。唇は一番最後にあるので、五行のうち決まった位置がなく、四季にくっついて旺盛にする意味がある。このようなことは、初声の中におのずから陰陽、五行、方位の数があることを表している。（…中略）

中声は全部で11字である。「・」の発音は舌がちぢまり、音が深いところから出るので、天が〔性理学の宇宙論において宇宙万物の生成発展と消滅を表す12闢卦の中、福卦である〕子から初めて開く理致である。字体が丸いのは天をまねたためである。
「ー」の発音は舌が少しちぢみ、音が深くなく、浅くもないので、地が〔12闢卦の中、臨卦である〕丑から初めて開く理致である。「｜」の発音は舌がちぢまなく、音が浅いところから出るので、人が〔12闢卦の中、泰卦である〕寅から初めて生じる理致である。字体が立っているのは、人の形状をまねたためである。（…中略）
初声と中声の関係をもって言えば、陰影は天道であり、剛柔は地道である。中声は形によって深かったり（一深）、浅

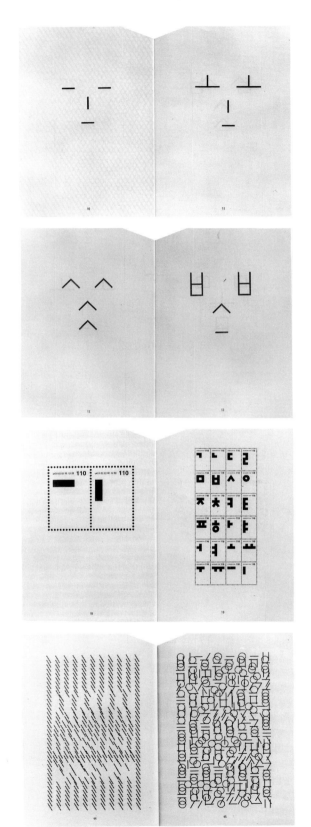

アンフォントを使用して制作された安氏の作品より。

27

かったり（一浅）、閉じたり（一闔）開いたり（一闢）するが、これは陰陽が分かられて五行の気がそろったもので、天の作用である。初声は形により虚だったり実だったり、飛ばしたり、滞ったり、重かったり、軽かったりするが、これは剛柔が表れ五行の質をなしたもので、地の功である。中声が深浅闔闢で前で呼ぶと、初声が五音清濁で後で和合し、初声となったのがまた終声となり（このような原理から）、また万物が初めて地から出て、再び地へ戻る理致を見ることができる。

初声、中声、終声を合わせてできた字は、動と静が互いに根據となり、陰陽が入れ代わって意味が変わる場合もあるので、動くのは天に該当する初声であり、静まるのは地に該当する終声であり、動と静を兼ねるのは人に該当する中声である。およそ天においては五行が神の運行であり、地においては質をなすもので、人には（この二つが全部表れて）

　木に該当する仁と
　火に該当する禮と
　土に該当する信と
　金に該当する義と
　水に該当する智の五常は神の運行であり、

　木に該当する肝と
　火に該当する心臓と
　土に該当する脾臓と
　金に該当する肺と
　水に該当する腎臓の五臓は質がなったものである。

初声は初めて起こって動くという意味があるので天のことであり、終声は終わり留まる「止定」という意味があるので地のことであり、中声は初声が生じたものを継いで終声が完成させるのに繋いでくれるので、人のことである。大概字韻の重要さが中声にあるので、初声、終声と合わさって音節を成すのは、また天と地が万物を生じるが、その過ぎたるを正し補い助け、足らざるを補充するのは必ず人の力によってされるのと同じである。

終声に初声の字を再び使うのは、動いて陽（初声）であるのも乾（初声の字）であり、静まって陰（終声）であるのも、また乾（初声の字）であるので、乾が実となって陰と陽に別れ主宰しないものはない。一つの気が絶えることなく流れ、四季の運行が終ることなく循環するので、終り〔貞〕から再び始まり〔元〕となり、冬が過ぎまた春が来るもので、初声が終声となり、終声がなお初声になるのも同じ意味を持っている。

アー、訓民正音が作られ、宇宙万物の理致が全部具備されたのであるから、誠に神秘なことだ。これはたぶん天が聖上の心を開いて、聖上の手を借りて作ったものかもしれない。

訓民正音の創成は、韓国の歴史上もっとも重大な事件であった。世宗大王が訓民正音序文に「わが国の言葉は中国と違って、中国の漢字とは通じないがため、字を習っていない国民が言おうとすることがあっても、それを字で表すことができない者が多い。私がこれを哀れに思い、新たに28字を作った。これは人たちが容易にこの字をおぼえて、日常生活で使いやすくするためである。」と書かれたように、この事件は韓国が文化的に独り立ちする瞬間でもあったのである。文化とは新しい言葉を作っていく過程である。その言葉が自己の持つオリジナルなものではない場合に、それは他の文化の従属的な内外延を持つことは当然である。なぜなら字は文化を入れる器だからである。

タイポグラフィはまさにこのような文化的な象徴を視覚的に扱うため、当然自国の人の精神を反映する。ハングルは韓国人の美的意識がもっとも単純化された造形であろう。韓国人によるタイポグラフィとは、まさにこのハングルから出発する。英文の文字の構造や漢字の字の形はハングルと違い、言葉も違う。

ハングルは宇宙の摂理を含んでいる。宇宙を表す字であるという事実はあまりにも驚くべきことではあるまいか。私はハングルを通じ宇宙を学ぶ。私は根源に関心を持つ。私の根源と宇宙の根源に対して・・・。私は宇宙が別ではないことがわかった時、私は宇宙であり、宇宙は私であった。ハングルは宇宙であり、また宇宙はハングルであった。私はハングルであり、またハングルは私であった。
浅学非才の私に、ハングルが与えてくれる楽しみは、この世の中のどれとも比べようがないくらいである。一生をかけて解かなくてはならない。楽しい宿題をもらっただけでも、選ばれた者の喜びであろう。

韓国のデスクトップを少し覗いてみたら／江並直美
A Peek at the Desk Top in Korea by Naomi Enami

「デザインは一種の創作遊技」であるという概念は、デザイナーたちがコンピュータを道具として使いはじめてから現実感を持った。

保守的なデザイン思考から、「視覚的におもしろければ良い」というデザイン哲学の転換について、コンピュータは優れた適応力を見せてくれる。

その強力なシュミレーション機能は、時として期待もしなかった結果をもたらすことがあるし、そのことは結果としての新しい発想を提供する。

韓国のグラフィックデザインが日本で紹介される機会はまだまだ稀であろう。ましてやエレクトロニックデザインとなればなおさらである。

アルファベットを使用する国に比べ、日本のデザインが電子化する段階で大きな障害は漢字の存在だった。それに比べて韓国で使用されているハングル文字は24のキャラクターの組み合わせで成立するのだから、TYPE-1化するのも容易なはずだ。ソウル市内の書店をのぞくと「FONTO-GRAPHER」でハングルフォントを制作する本が発売されていた。すでに30書体以上のTYPE-1ハングルフォントがあり、雑誌、新聞に関しては完全なデータ化はまだのようだが、かなりのレベルでのDTP化は進んでいるようだ。その数あるフォントの中でも安氏のデザインしたタイポグラフィー（うっかり書体名を聞くのを忘れた）は、従来のハングル文字の印象をくつがえす新しさがあり、ディスプレイタイプの傑作だと思う。

では、エレクトロニックデザイン全般はと言うと、これはまだ発展段階である印象は避けられない。しかし、美術教育の中ではコンピュータを用いた学習が進められているようである。

造形性を確立されていない学生たちが、デザインについての十分な経験をつんでいないインストラクターからトレーニングを受けると、学生たちが望ましくないデザイン観を持つことになるかもしれないという懸念は、日本の事情である。

それに比べて韓国では、美術及びデザイン分野でのコンピュータ利用は、大学の視覚デザイン学科を中心に行われており、コンピュータが普及しはじめた初期の平面デザインから、現在は3D、マルチメディア、映像分野への領域拡大が行われている。この教育を受けた若いデザイナーが、新しい表現を創り出す日は、もうそこまできていると思う。

（デジタローグ／マルチメディア・ディレクター）

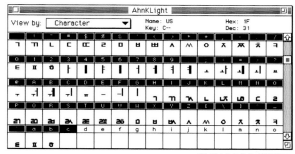

アンフォントのキー割り当て。

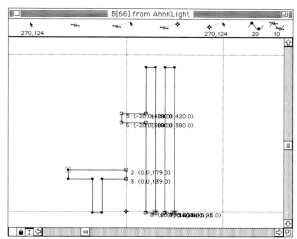

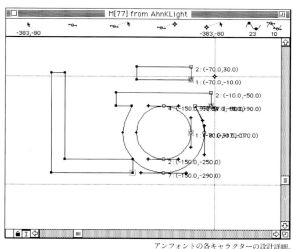

アンフォントの各キャラクターの設計詳細。

韓国取材協力・凸版印刷株式会社

特集2．ビジュアルメッセージ：
MAP BY TOMATO, London

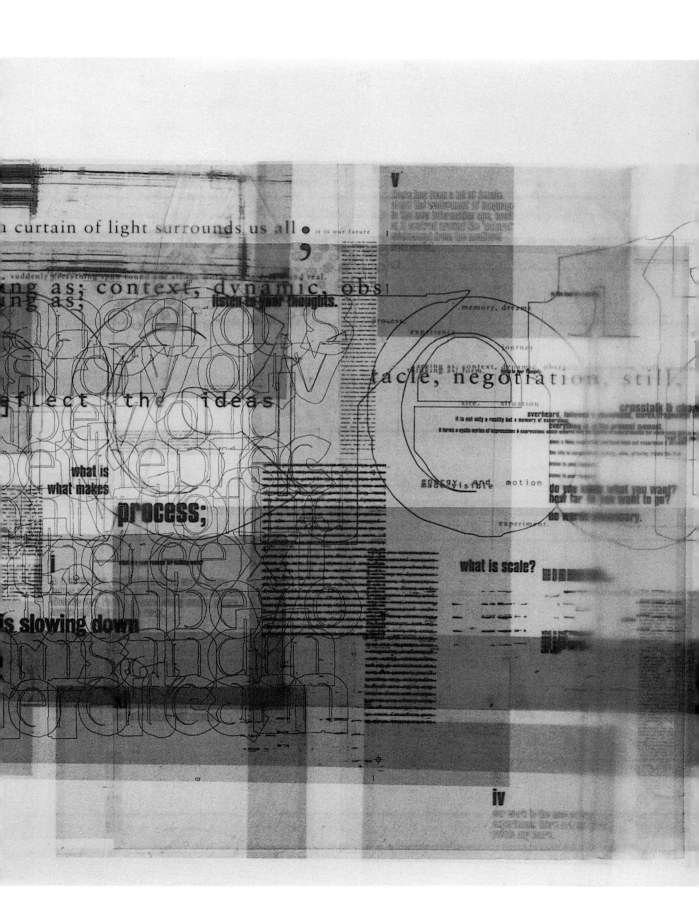

a curtain of light surrounds us all ● it is our future

ng as; context, dynamic, obs
ng as;

reflect the ideas

what is
what makes

process;

is slowing down

V

tacle, negotiation. still

memory, dreams

what is scale?

iv

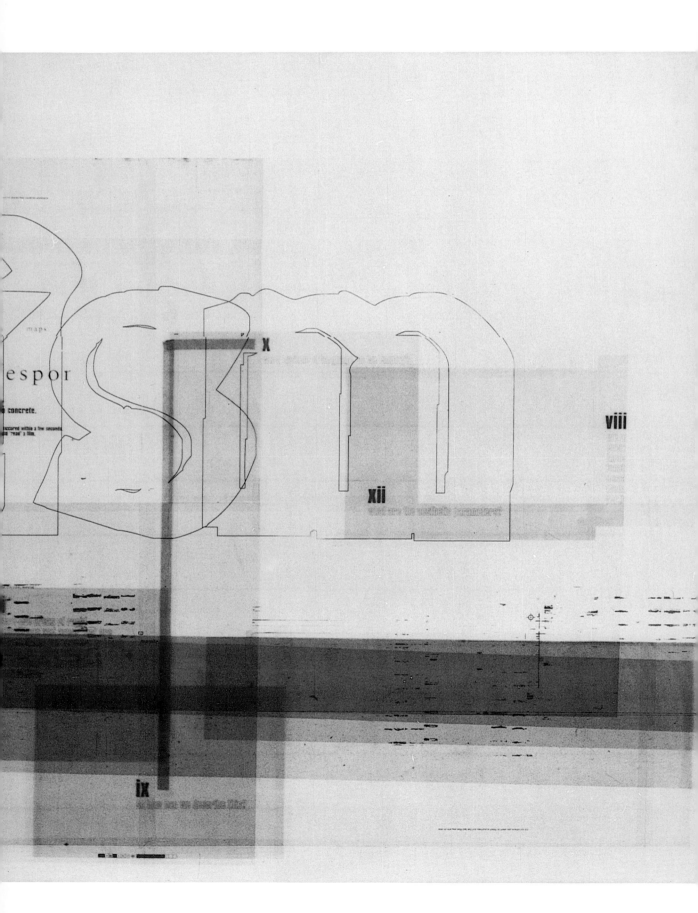

xiv
What is the new architecture of ideas?

特集３．タイプ・ミュージアム(ロンドン)創設支援プロジェクト
「オペレーション・ハンニバル」のご案内
Soliciting Contributions to the Foundation of the Type Museum in London

ロンドンに1997年創設予定のタイプ・ミュージアムをTDCは応援していきたいと考えています。

ロンドンより届いた基金募集のお願い書を以下にご紹介させていただき、多くのみなさまのご協力をお願い申しあげるしだいです。

ミュージアムの壁に顕彰されるフレンド名。

タイプ・ミュージアム創設基金募集のお願いとフレンド・オブ・タイプ・ミュージアムへのお誘い。

人類の知の源——言葉を世に広く、時を超えて伝えることを可能にした活字印刷の機能と美しさは、その500年の歴史の中で磨きに磨かれました。しかし、精魂つくして得られた読みやすく美しい書物をつくる工芸技術の真髄は、今日のあまりにも急速なデジタル化、ＤＴＰ移行の中で忘れ去られようとしています。未来の世代にも最も大切な文字伝達の規範が現実に失われつつあるのです。

タイプ・ミュージアム創設の主旨は、人類独自の文字文化の源流である活字印刷を理解し保全することにより、言語と文字処理の正しい知識を後世に受け渡し、産業の発展、文化の伝承に貢献することにあります。

その創設募金運動は、ローマ時代に象を率いてアルプスを越えたカルタゴの名将軍に因んでオペレーション・ハンニバルと名付けられました。この平和な大作戦に世界中から有志が参加し始めており、既にその成果として敷地建物は昨年７月ロンドン市内に確保。次の早急な課題は建物の修復と欧文書体に116種もの各国語書体を含む８百万以上の文字原板、木活字、原図、珠玉の書体カタログ、機械工具類などの救出移転です。予定の1997年オープンまでにまだ４億円が必要です。

一人でも多くの方が、今すぐフレンドとして参加くださることによって、散失寸前にある貴重な資料の一刻を争う救出作戦が可能となるのです。世界の文字文化を守り育てていく意義と喜びを共に分かちあえる最良にして最後の機会ともいえる今、あなたのサポートを切にお願いもうしあげる次第です。

この難事業達成に心からご協力くださったあなたのお名前は、その功績を讃えてミュージアムの壁面に美しいアルファベットで永遠に顕彰されます。

「タイプ・ミュージアム創設プロジェクト、オペレーション・ハンニバルの支援を申込みます。」

● 1．個人フレンド

ふりがな	19　年　　月　　日生
氏　名	職　業（　　　）
ふりがな	
住　所 〒番号（　　　）	
電話（　　　）	ファクシミリ（　　　）

● 2．団体・法人フレンド

ふりがな	19　年　　月　　日生
氏　名	役職（　　　）
ふりがな	
法人・団体名	
ふりがな	
所在地 〒番号（　　　）	
電話（　　　）	ファクシミリ（　　　）

● 3．寄付金額　個人フレンド　　一口 ¥10,000
　　　　　　　　団体・法人フレンド　五口 ¥50,000以上

（　　口）　合計¥ ....

● 4．支払方法

☐ 銀行振込
　第一勧業銀行（店番号001）、口座番号（普通）4625046
　タイプ・ミュージアム・オペレーション・ハンニバル・ファンド宛にお願い申し上げます。

☐ 銀行小切手（ロンドンへ直送される場合）
　受取人 The Type Museum Operation Hannibal Fund
　送付先 Lloyds Bank Plc (Sort code 30-97-81)
　口座番号 Account number 0332747
　Victoria House, Southampton Row, London WC1B 5HR
　phone. 44-171-405-5025　fax. 44-171-242-5267

☐ クレジットカード（使用するカードを丸で囲んでください）
　　　　（アメリカン・エクスプレス／マスター／ビザ）
　カード番号：☐☐☐☐ ☐☐☐☐ ☐☐☐☐ ☐☐☐☐
　有効期限 19 .... 年 .... 月 .... 日
　カード使用者名 ....
　ご署名 .... 19 .... 年 .... 月 .... 日

☐ その他の方法 ....

● 5． ご記入されたこの申込用紙はTokyo TDC事務局へご送付ください。

154　東京都世田谷区上馬2-33-1　A.スペース101
phone. 03-5430-4541　fax. 03-5430-4544

掲載作家一覧　Typedirectors' Index

● 会員部門　Members

青木克憲	Katsunori Aoki	8 9 10 11 12 13 14
青葉益輝	Masuteru Aoba	15 16
秋元克士	Yoshio Akimoto	17
浅葉克己	Katsumi Asaba	2 18 19 20 21 22 23 24 25 26 27
味岡伸太郎	Shintaro Ajioka	3 28 29 30 31
生駒由紀夫	Yukio Ikoma	36
泉屋政昭	Masaaki Izumiya	1 32
伊藤勝一	Katsuichi Ito	33 34 35
井上嗣也	Tsuguya Inoue	39 40 41
井上庸子	Yoko Inoue	52 53 54
榎本了壱	Ryouichi Enomoto	37 38
太田徹也	Tetsuya Ohta	43 44 45 46 47
奥村靫正	Yukimasa Okumura	48 49 50 51
奥脇吉光	Yoshimitsu Okuwaki	42
葛西　薫	Kaoru Kasai	55 56 57 58 59
梶谷芳郎	Yoshiro Kajitani	67
勝井三雄	Mitsuo Katsui	60
河北秀也	Hideya Kawakita	61 62
鬼澤　邦	Kuni Kizawa	63 64
木田安彦	Yasuhiko Kida	65 66
木下勝弘	Katsuhiro Kinoshita	68 69 70 71
木村　勝	Katsu Kimura	72 73 74 75
木村裕治	Yuji Kimura	76 77
金田一剛	Tsuyoshi Kindaichi	82 83 84
工藤強勝	Tsuyokatsu Kudo	95
小島良平	Ryohei Kojima	85 86 87
小西啓介	Keisuke Konishi	94
佐藤晃一	Koichi Satoh	88 89 90 91
佐藤　卓	Taku Satoh	92 93
佐村憲一	Kenichi Samura	96 97 98
澤田泰廣	Yasuhiro Sawada	101 102 103 104 105
澁谷克彦	Katsuhiko Shibuya	123
清水正己	Masami Shimizu	106 107 108 109
副田高行	Takayuki Soeda	110 111 112 113 114 115
高岡一弥	Kazuya Takaoka	99 100
タカオカシゲユキ	Shigeyuki Takaoka	78 79 80 81
高原　宏	Hiroshi Takahara	129
田中一光	Ikko Tanaka	116 117 118
タナカノリユキ	Noriyuki Tanaka	119 120 121 122
辻　修平	Shuhei Tsuji	125 126
坪内祝義	Tokiyoshi Tsubouchi	124
友枝雄策	Yusaku Tomoeda	127 128
中島祥文	Yoshifumi Nakashima	130 131 132
仲條正義	Masayoshi Nakajo	1 133
中谷匡児	Kyoji Nakatani	136
長友啓典	Keisuke Nagatomo	134 135
中森陽三	Yozo Nakamori	139 140

成瀬始子	Motoko Naruse	137 138
日比野克彦	Katsuhiko Hibino	141 142
平野湟太郎	Kotaro Hirano	143 144
平松聖悟	Seigo Hiramatsu	145
藤井陽一郎	Yoichirou Fujii	147
古村 理	Osamu Furumura	148
細川栄二	Eiji Hosokawa	149
眞木 準	Jun Maki	1
松下 計	Kei Matsushita	146
松永 真	Shin Matsunaga	153 154 155 156 157 158 159 160 161 162
三﨑陽尹	Harumasa Misaki	150 151 152
水谷孝次	Koji Mizutani	163 164 165
村瀬省三	Shozo Murase	171 172
安原和夫	Kazuo Yasuhara	169
矢萩喜従郎	Kijuro Yahagi	173 174 175
山口至剛	Shigo Yamaguchi	166 167 168
山本洋司	Yoji Yamamoto	170

● 一般部門・国内　Non-members (from Japan)

青葉淑美	Yoshimi Aoba	176
秋田 寛	Kan Akita	177 178
秋山カズオ	Kazuo Akiyama	180
秋山具義	Gugi Akiyama	181
荒木優子	Yuko Araki	179
石井 原	Gen Ishii	182
石田直久	Naohisa Ishida	183
井上里枝	Satoe Inoue	184
岩上孝二	Koji Iwagami	185
岩藤重人	Shigeto Iwafuji	188
江川初代	Hatsuyo Egawa	187
海老名 淳	Atsushi Ebina	191 192 193
蝦名龍郎	Tatsuo Ebina	194 195 196
遠藤牧人	Makito Endo	190
太田 岳	Gaku Ohta	198
岡戸芳生	Yoshio Okado	189
置鮎清海	Kiyomi Okiayu	197
奥村昭夫	Akio Okumura	199 200 201 202
梶原道生	Michio Kajiwara	213 214
加藤周三	Shuzo Kato	206 207 208
加藤芳夫	Yoshio Kato	212
金子 敦	Atsushi Kaneko	209
河本大洋	Oumi Kawamoto	186
草谷隆文	Takafumi Kusagaya	215 216 217 218 219 220 221
工藤規雄	Norio Kudo	205
小谷恭二	Kyoji Kotani	203 204
小塚重信	Shigenobu Kozuka	224 225
後藤 宏	Hiroshi Goto	210 211
河野能美	Yoshimi Kono	222 223

小松洋一	Yoichi Komatsu	227 228
近藤　忠	Tadashi Kondo	226
斎藤麻子	Asako Saito	246
倉嶌隆広＋齊藤俊文	Takahiro Kurashima＋	
	Toshifumi Saito	248
櫻田厚志	Atsushi Sakurada	249
左合ひとみ	Hitomi Sago	250
佐古田英一	Eiichi Sakota	255 256 257 258
清水竜行	Tatsuyuki Shimizu	262
新村則人	Norito Shinmura	260
杉崎真之助	Shinnosuke Sugisaki	251 252 253 254
鈴木善博	Zempaku Suzuki	247
鈴木　誠	Makoto Suzuki	261
髙田正治	Masaharu Takata	259
高橋善丸	Yoshimaru Takahashi	265
竹智こずえ	Kozue Takechi	264
竹智　淳	Jun Takechi	263
立花ハジメ	Hajime Tachibana	266 267 268
立花文穂	Fumio Tachibana	270
塚田哲也＋秀親	Tetsuya Tsukada＋ Hidechika	269
塚本明彦	Akihiko Tsukamoto	271 272 273 274
徳田祐司	Yuji Tokuda	275 276 277 278 279 280
永井裕明	Hiroaki Nagai	286
中川憲造	Kenzo Nakagawa	281

中村至男	Norio Nakamura	290 291 292 293
南部俊安	Toshiyasu Nanbu	4 283 284
新家春二	Shunji Niinomi	282
野上周一	Shuichi Nogami	285
長谷川羊介	Yosuke Hasegawa	287
日高英輝	Eiki Hidaka	288
平井圭一	Keiichi Hirai	289
土屋孝元	Takayoshi Tsuchiya	316
服部一成	Kazunari Hattori	325 326 327 328 329 330
原　紀子	Noriko Hara	355
羽良多平吉	Heiquichi Harata	319
東泉一郎	Ichiro Higashiizumi	331 332 333 334
平田真市郎	Shinichiro Hirata	315
平田憲彦	Norihiko Hirata	317
平野敬子	Keiko Hirano	323 324
平林奈緒美	Naomi Hirabayashi	322
福島　治	Osamu Fukushima	318
本田宏一	Koichi Honda	335 336
ジョン前田	John Maeda	344
牧田　健	Ken Makita	320 321
松井桂三	Keizo Matsui	337 338 339
三木　健	Ken Miki	347 348 349 350 351 352
水野晄司	Koji Mizuno	343
三谷一郎	Ichiro Mitani	345

宮田　識　Satoru Miyata	358 359	
守先　正　Tadashi Morisaki	353 354	
森田利彦　Toshihiko Morita	340 341 342	
八木健夫　Tateo Yagi	360 361 362 363	
安江　勉　Tsutomu Yasue	346	
山内宏一郎　Kohichiro Yamauchi	357	
山内浩史　Hiroshi Yamauchi	356	
山本哲次　Tetsuji Yamamoto	366	
ユウ北川　You Kitagawa	364 365	
世永逸彦　Hayahiko Yonaga	367	
渡辺英雄　Hideo Watanabe	368 369 370 371 372	
渡邉良重　Yoshie Watanabe	373	

●一般部門・海外　Non-members (from Overseas)

Pieter Brattinga (Netherlands)	236 237 238
Josef Müller-Brockmann (Switzerland)	308
Alan Chan (Hong Kong)	298 299 300
Stephen Coates (England)	244
Dirk Van Dooren (England)	230
Dirk Van Dooren+ Johnathan Cooke (England)	231
Dirk Van Dooren+Simon Taylor (England)	229
Hong Siu Fan (Hong Kong)	294
Akin Fernandez (England)	241
Jason Kedgley (England)	5

Avital Kellner Gazit (Israel)	305
Thomas Gray (England)	301 302 303 304
Kan Tai-Keung (Hong Kong)	306 307
Alan Kitching (England)	245
Freeman Lau Siu Hong (Hong Kong)	242 243
Ed Linfoot (England)	239 240
Gil Maia (Portugal)	295
Anita Meyer (USA)	312 314
Anita Mayer+Jan Baker (USA)	311
Anita Meyer+ Matthew Monk (USA)	313
Imin Pao (USA)	296 297
Paul Peter Piech (England)	309
David Quay (England)	310
Simon Taylor (England)	235
Niklaus Troxler (Switzerland)	6 7
John Warwicker (England)	232 233
Graham Wood (England)	234

8 Poster
TD.AD.D. | 青木克憲 Katsunori Aoki
C. | 長谷川宏 Hiroshi Hasegawa
CD. | 花上憲司 Kenji Hanaue
PR. | 石合 仁 Jin Ishiai
 | 木村昌嗣 Masatsugu Kimura
 | 藤田 隆 Takashi Fujita
P. | 今泉好人 Yoshihito Imaizumi
CL. | オカモト㈱ Okamoto Industrial Inc.

peace Card 1994

Dear Friends;How are you getting along during these hot day?
PEACE CARD SEASON has come again this year. Our plan is to send
peace greeting cards for the new year to arrive at the address by August 15,
the peace memorial day. Already splendid cards full of young illustators'
ideas of peace have been gathered. We are pleased to announce this year's display of
original pictures with the splendid cooperation of GREETING SQUARE in Tokyo
from August 8 (Mon.) to August 24 (Wed.), PHILIA MUSEUM in Kobuchi from
August 1(Mon.) to August 31 (Wed.) and EL PARCO SENDAI EXHIBITION GALLERY
from August 11 (Thu.) toAugust 17 (Wed.). You will have thrills going
over all the participants' cards. Everyone of you is invited to visit us.
For more details:Hayato Jyonome(Tel:03-3703-4680) Yamaguchi Mao(Tel:0425-72-1514)

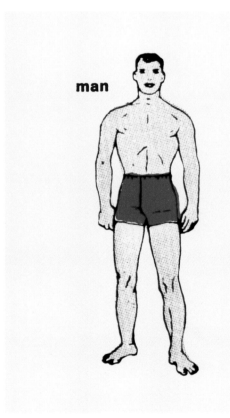

man

9	Poster	
TD.AD.D.C.I.CL.	青木克憲	Katsunori Aoki
P.	今泉好人	Yoshihito Imaizumi
	Non-Commercial Work	

10	Poster	
TD.AD.D.	青木克憲	Katsunori Aoki
CD.A.	山口マオ	Mao Yamaguchi
CL.	Peace Card 運営事務局	
	Peace Card Steering Secretariat	

11	Poster	
TD.AD.D.	青木克憲	Katsunori Aoki
CL.	Trois Couleurs Art Exhibition	

12

13

hiromichi nakano

14

12	Poster
TD.AD.D.	青木克憲　Katsunori Aoki
	Non-Commercial Work

13	Magazine Ad.
TD.AD.D.	青木克憲　Katsunori Aoki
CD.	品川能正　Nousei Shinagawa
CL.	東京ギンガ堂
	Theatrical Project Tokyo Gingadō

14	Packaging, Mark & Logotype
TD.AD.D.	青木克憲　Katsunori Aoki
CD.	中野裕通　Hiromichi Nakano
CL.	㈱ヒロミチ・ナカノ デザインオフィス
	Hiromichi Nakano Design Office Company Ltd.

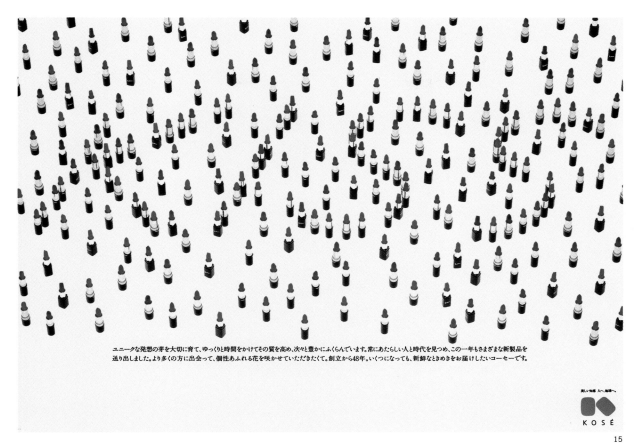

ユニークな発想の芽を大切に育て、ゆっくりと時間をかけてその質を高め、次々と豊かにふくらんでいます。常にあたらしい人と時代を見つめ、この一年もさまざまな新製品を送り出しました。より多くの方に出会って、個性あふれる花を咲かせていただきたくて。創立から48年。いくつになっても、新鮮なときめきをお届けしたいコーセーです。

15

16

15 Poster
TD.AD. | 青葉益輝 Masuteru Aoba
D. | 川口正彰 Masaaki Kawaguchi
C. | 中原 都 Miyako Nakahara
P. | 萩原正美 Masami Hagiwara
CL. | ㈱コーセー Kose Corp.

16 Poster
TD.AD.I. | 青葉益輝 Masuteru Aoba
D. | 川口正彰 Masaaki Kawaguchi
CL. | ㈱リクルート Recruit Co.,Ltd.

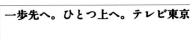

一歩先へ。ひとつ上へ。テレビ東京

6	6.30 Ⓝビジネスレーダー W杯サッカーを日本へ
3	3.30 Ⓝ夕刊 37 株式Ⓝ
9	◇40株式ニュース
5	30 Ⓝイブニング 夢のW 杯へ日本今夜決戦◇Ⓧ
11	00 Ⓝワイド11 ゼネコン 汚職初公判・前仙台市 長か公法廷に▽Ⓧ▽30株
11	00ⒸⓃサテライト 新古本 で変わるか？定価販売

派手じゃないけど、ニュースです。

決して派手ではないけれど、テレビ東京はニュース・報道にしっかり力を入れています。
朝の「ビジネスレーダー」から、夜11時の「ニュース・サテライト」まで、
つねにジャーナリスティックな視点で情報を分析。とくに経済情報はテレビ東京ならでは。
経済の動きから目が離せない月〜金のウィークデーには毎日4時間ニュースをお届けしています。
テレビの原点、ニュース・報道をテレビ東京は追求しつづけます。

テレビ東京 12

17

18

---

17 Newspaper Ad.
TD.AD.D. 秋元克士 Yoshio Akimoto
D. 平田隼人 Hayato Hirata
C. 高木新次郎 Shinjiro Takagi
CL. テレビ東京
Television Tokyo Channel 12 Ltd.

18 Poster
TD.AD. 浅葉克己 Katsumi Asaba
D. 峯石景子 Keiko Mineishi
A. 戸村 浩 Hiroshi Tomura
CL. ㈱写研 Shaken Co.,Ltd.

46

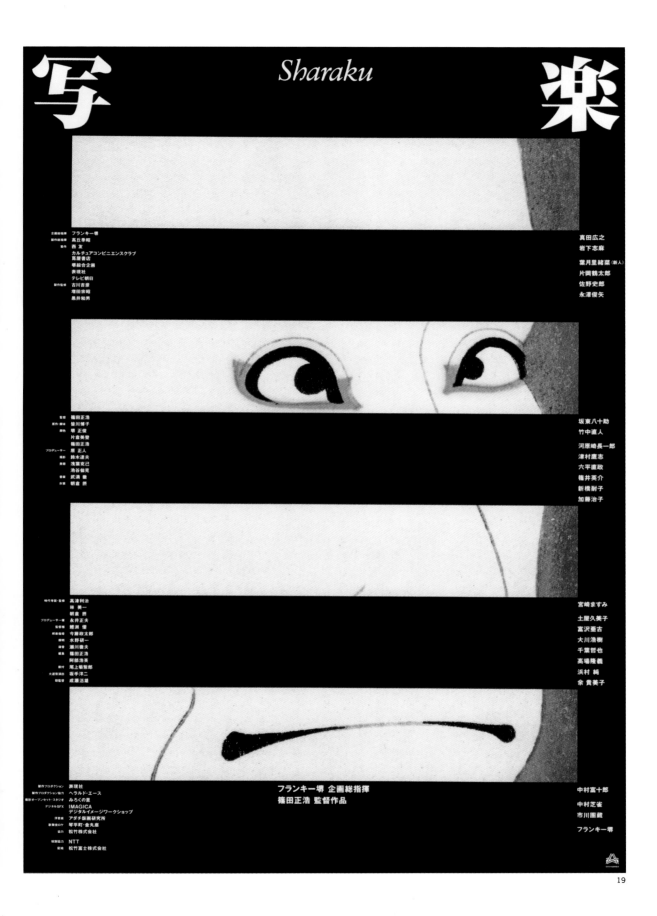

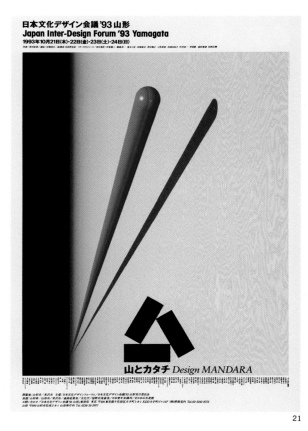

20

21

20

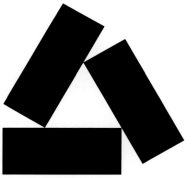

山とカタチ Design MANDARA

21

20	Poster,Book	21	Poster, Packaging, Mark & Logotype	
TD.AD.	浅葉克己　Katsumi Asaba	TD.AD.	浅葉克己　Katsumi Asaba	
D.	峯石景子　Keiko Mineishi	D.	峯石景子　Keiko Mineishi	
P.	大山　高　Takashi Oyama	CG.	藤幡正樹　Masaki Fujihata	
CL.	日本文化デザインフォーラム	CL.	日本文化デザインフォーラム	
	Japan Inter-Design Forum		Japan Inter-Design Forum	

22	Newspaper Ad.	23	CD Case Jacket
TD.AD.CA.	浅葉克己　Katsumi Asaba	TD.AD.	浅葉克己　Katsumi Asaba
D.	ヒサダ大黒　Daikoku Hisaya	D.	向井公一　Kimikazu Mukai
C.	一倉　宏　Hiroshi Ichikura	CL.	東芝EMI㈱　Toshiba-EMI Ltd.
CL.	西武百貨店		
	The Seibu Department Stores Ltd.		

標高4,500mの円高です。

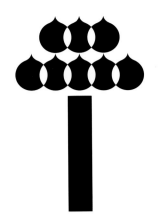

Japan Open
Music City Festival

24

25

26

27

Earth Day
この地球の環境を考える

Earth Day
この地球の環境を考える

28 Poster
TD.AD.D.A. | 味岡伸太郎 Shintaro Ajioka
CL. | ㈲スタッフ Design Studio Staff

彦坂建築
感謝。新社屋完成

29

30

31

29　Poster
TD.AD.D.　味岡伸太郎　Shintaro Ajioka
CL.　彦坂建築　Hikosaka Kentiku

30　Book
TD.AD.D.　味岡伸太郎　Shintaro Ajioka
CL.　日本タイポグラフィ協会
Japan Typography Association

31　Mark & Logotype
TD.AD.D.　味岡伸太郎　Shintaro Ajioka
CL.　お上さん会　Okamisankai

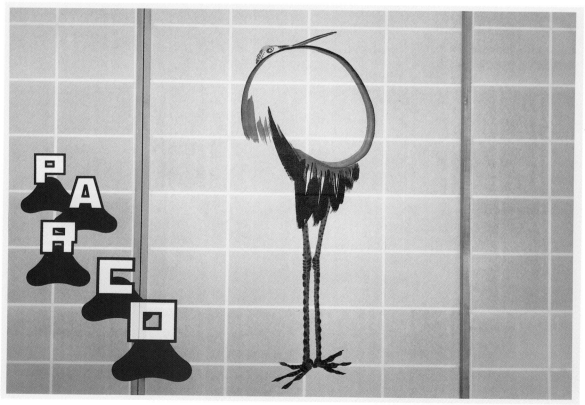

32 Poster
TD. | 泉屋政昭 Masaaki Izumiya
    | 仲條正義 Masayoshi Nakajo
AD. | 米村 浩 Hiroshi Yonemura
D. | 三好朋子 Tomoko Miyoshi
P. | 上田義彦 Yoshihiko Ueda
CL. | ㈱パルコ Parco Co., Ltd.

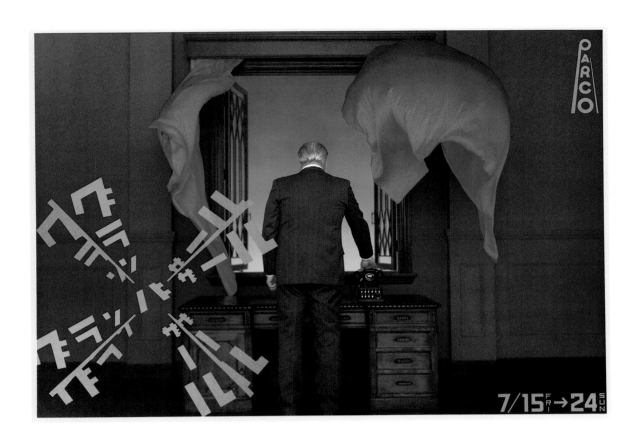

フジタは長年にわたり培ってきた総合技術力を駆使し、ハイウエイ、インターチェンジ、トンネル、鉄道など、交通ネットワークの建設に貢献しています。
高環境づくり フジタ

この一年、「ベルマーレ平塚」へのご声援ありがとうございました。J1リーグで優勝し、来年はいよいよ待望のJリーグ入りです。フジタは、本業の建設でもおおいにガンバリます。
高環境づくり フジタ

ツキか、実力か。

建設でもキャリアの差は腕にでる。フジタは長年にわたる経験から得たノウハウを駆使し、実力のほどを示します。
高環境づくり フジタ

賀正

笑顔は、夢いっぱいの街から生まれます。いい顔、ふやしたい。新しい闘志を燃やすフジタの街づくりにご期待ください。
高環境づくり フジタ

犬の糞は飼い主が始末し、犬は必ずつないで飼いましょう。

爽やかな街、きれいな街へ。フジタは、豊富な建設ノウハウを総結集してあなたの街で腕を奮います。来年もよろしくお願いします。
高環境づくり フジタ

33

Shiroyama Seichi Reien

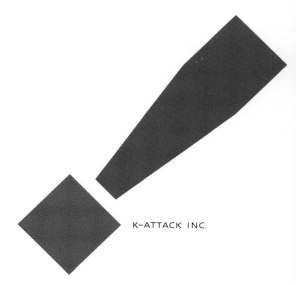

K-ATTACK INC.

34　　　　　　　35

33　Newspaper Ad.
TA.AD.D.　伊藤勝一　Katsuichi Ito
A.　堀内和明　Kazuaki Horiuchi
CL.　㈱フジタ　Fujita Corp.

34　Mark & Logotype
TA.AD.D.　伊藤勝一　Katsuichi Ito
D.　大山　武　Takeshi Oyama
CL.　城山聖地霊園　Shiroyama Seichi Reien

35　Mark & Logotype
TA.AD.D.　伊藤勝一　Katsuichi Ito
D.　宮坂克己　Katsumi Miyasaka
CL.　㈲ケイアタック　K-ATTACK INC.

36 Letterhead
TD.AD. 生駒由紀夫　Yukio Ikoma
D. 川崎由美子　Yumiko Kawasaki
P. 奥村康人　Yasuto Okumura
CL. ㈱アイム　I'M Co., Ltd.

37 Poster
TD.AD. 榎本了壱　Ryouichi Enomoto
D. 渡邊かつら　Katsura Watanabe
A. 日比野克彦　Katsuhiko Hibino
    内藤こづえ　Kozue Naito
CL. 新梅田シティ開発協議会
    Shin-Umeda City Development Council

38 Pamphlet
TD.AD. 榎本了壱　Ryouichi Enomoto
D. 橋本展幸　Nobuyuki Hashimoto
CL. ㈶神奈川芸術文化財団
    Kanagawa Arts Foundation

39

40

39	Poster	
TD.AD.D.	井上嗣也	Tsuguya Inoue
P.	Brian Lightfoot	
CL.	㈱パルコ	Parco Co., Ltd.

40	Poster	
TD.AD.D.	井上嗣也	Tsuguya Inoue
CD.	大森清志	Kiyoshi Omori
	一倉宏	Hiroshi Ichikura
PR.	貝原武	Takeshi Kaihara
	安芸研一	Kenichi Aki
P.	星野尚彦	Naohiko Hoshino
CL.	サントリー㈱	Suntory Ltd.

あげるよ
ぼくのかけら
ありがとう
きみのかけら

41 Poster
TD.AD.D. 井上嗣也　Tsuguya Inoue
C. 糸井重里　Shigesato Itoi
CL. 日本デザインコミッティー
Japan Design Committee

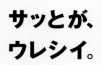

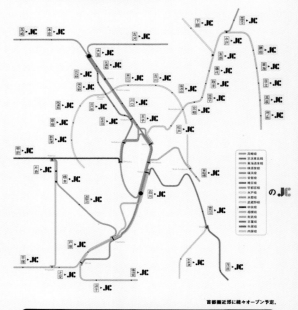

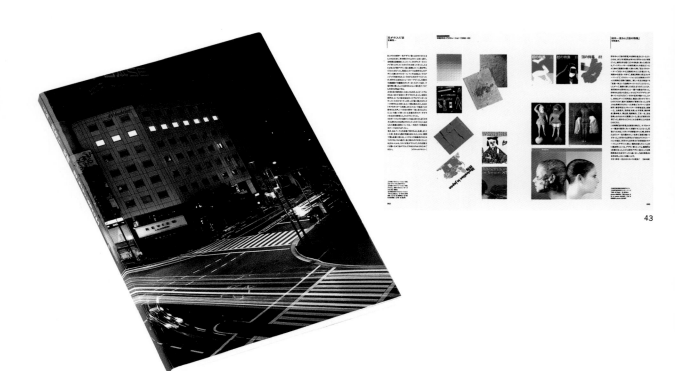

42	Poster	
TD.AD.D.	奥脇吉光	Yoshimitsu Okuwaki
SCD.	福井　寛	Hiroshi Fukui
CD.	山名典子	Noriko Yamana
C.	白石大介	Daisuke Shiraishi
A.	山根茂樹	Shigeki Yamane
I.	大平善道	Yoshimichi Ohira
P.	曽我尚弘	Masahiro Soga
CL.	JR東日本グループ	
	East Japan Railway Group	

43	Book	
TD.D.	太田徹也	Tetsuya Ohta
AD.	田中一光	Ikko Tanaka
D.	鈴木政紀	Masanori Suzuki
C.	川上嘉端	Kazui Kawakami
CL.	田中一光デザイン室	
	Ikko Tanaka Design Studio	

44	Banner	
TD.AD.D.	太田徹也	Tetsuya Ohta
CL.	横浜市都市計画局・	
	ポートサイド開発事務局	
	Urban Planning Bureau,	
	Portside Development Office	
	the City of Yokohama	

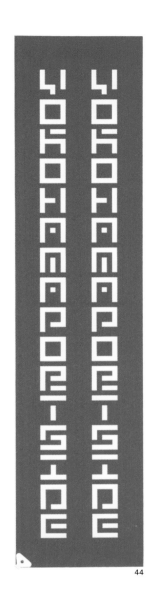

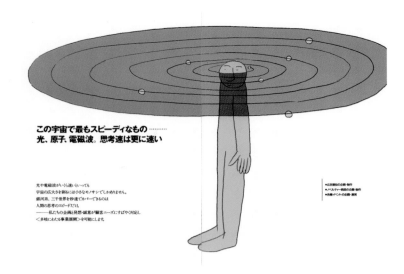

この宇宙で最もスピーディなもの……
光、原子、電磁波。思考速は更に速い

光や電磁波がいくら速いといっても
宇宙の広大さを測るには小さなモノサシでしかありません。
銀河系、三千世界を秒速でカバーできるのは
人間の思考のスピードだけ。
──私たちの企画・発想・誠意が〈顧客ニーズにすばやく対応し
〈多岐にわたる事業展開〉を可能にします。

●広告宣伝の企画・制作
●ノベルティー商品の企画・制作
●各種イベントの企画・運営

木が1本、木が2本、木が3本……
木、林、森。イメージが文字になった

私たちジェービー企画は、さまざまな企画の効果的な
コミュニケーション活動を、創造・支援することを目標に努力を続けています。
世界一の紙商社を母体に生まれた私たちの会社は
当初から『木』や『森林』と関わりが深く、自然をパートナーのように
考えて活動を続けてきました。
そして今、世界が自然や人間環境のテーマを中心に動きはじめている時に
「ジェービー企画」は、ソフト・ハード両面から
共感と呼ぶ企画提案を行なうことと最大の使命としています。
企業の夢と社会の夢が一つに重なることを理想として
「ジェービー企画」は見る以来の豊富な経験とノウハウを生かしながら
お客様の宣伝・広報活動や人材育成プロセスに積極的に参画し
大きな成果を上げてきました。
今後も、私たちの事業展開は、情報化社会の重要な担い手として
幅広く夢のある企画を送り続けてまいります。

44

45

46

47

45	Editorial Design		46	Clock		47	Mark & Logotype
TD.AD.D.	太田徹也　Tetsuya Ohta		TD.AD.D.	太田徹也　Tetsuya Ohta		TD.AD.D.	太田徹也　Tetsuya Ohta
C.	川上嘉端　Kazui Kawakami		CL.	㈱リクルート　Recruit Co., Ltd.		CL.	文献社　Bunken-sha
A.	下谷二助　Nisuke Shimotani						
CL.	ジェイピー企画　J.P. Planning Co., Ltd.						

48

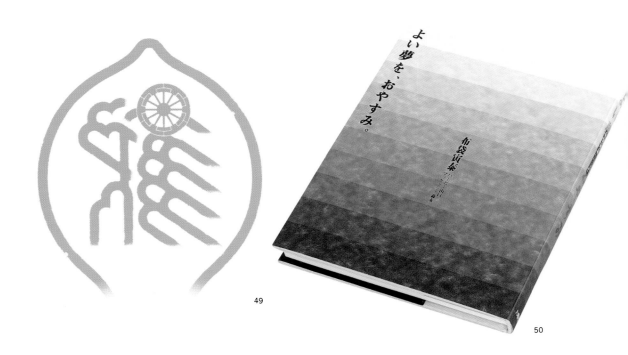

49

50

48 Poster
TD.AD.D. 奥村靫正 Yukimasa Okumura
D. 蓑原圭介 Keisuke Minohara
CL. ㈱電通関西支社 Dentsu Inc. Kansai

49 Mark & Logotype
TD.AD.D. 奥村靫正 Yukimasa Okumura
D. 蓑原圭介 Keisuke Minohara
CL. ㈱電通関西支社 Dentsu Inc. Kansai

50 Book
TD.AD.D. 奥村靫正 Yukimasa Okumura
D. 栗林和夫 Kazuo Kuribayashi
蓑原圭介 Keisuke Minohara
CL. ㈱八曜社 Hachiyo-Sha

51 Poster
TD.AD.D. | 奥村靫正 Yukimasa Okumura
D. | 栗林和夫 Kazuo Kuribayashi
| 簑原圭介 Keisuke Minohara
CL. | ㈱I&S I&S Corp.

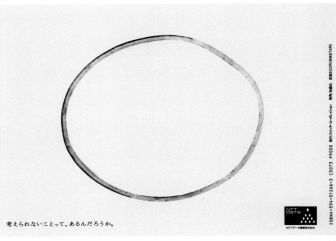

52 Magazine Ad.
TD.AD.D. 井上庸子 Yoko Inoue
C. 青木美詠子 Mieko Aoki
P. 大山 高 Takashi Oyama
CL. NTT データ通信㈱
NTT Data
Communications Systems Corp.

53 Poster
TD.AD.D. 井上庸子 Yoko Inoue
P. 土屋一夫 Kazuo Tsuchiya
A. 日比野克彦 Katsuhiko Hibino
CL. さすがわささめ Sasame Sasugawa
ハタノユミコ Yumiko Hatano

54 Card
TD.AD.D.P. 井上庸子 Yoko Inoue
CL. ル・サロン Le Salon

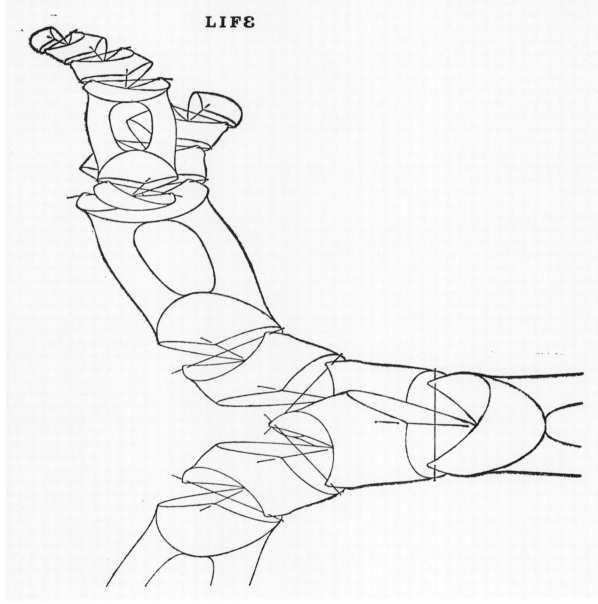

LIFE

55 Poster
TD.AD.D. | 葛西　薫　Kaoru Kasai
CL. | 日本デザインコミッティー
Japan Design Committee

暑中お見舞い申し上げます

君、めずらしく本を読む

若いときに読んだ本は不思議に忘れません。本のなかの出来事が、かわいた心に水のように
しみこんでときどきした経験を、たいていの人が覚えています。人間は成長していくその過程、
その時期にふさわしい課題と、きっちり取り組むことで、はじめて大人になっていくのではな
いでしょう。得る力が豊かな幼い時代によく親しむことは、その栄養で人間の成長にとても必
要な経験であるのだと思います。いつも若軽のように読むような思を、遊びつかれた夕暮れに
は静かな時間がほしくなる。ラジオを消して、夜をあけて、本が読みたくなる。

ウーロン茶の、どこが、ウフフ？ ①

「ナのつくウーロン茶？ ウフフ」Yuan Lin（CM出演中）

56　Newspaper Ad.
TD.AD. 葛西　薫　Kaoru Kasai
D. 吉瀬浩司　Koji Kichise
青葉淑美　Yoshimi Aoba
C. 安藤　隆　Takashi Ando
P. 上田義彦　Yoshihiko Ueda
CL. サントリー㈱　Suntory Ltd.

57　Mark & Logotype
TD.AD. 葛西　薫　Kaoru Kasai
D. 吉瀬浩司　Koji Kichise
青葉淑美　Yoshimi Aoba
CL. サントリー㈱　Suntory Ltd.

Lupin?

LEuxpiivn!?

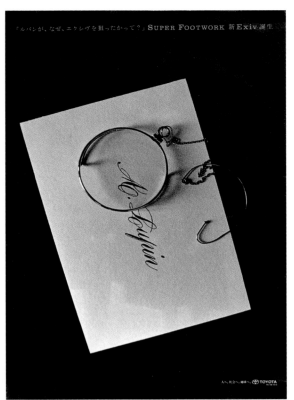

「ルパンが、なぜ、エクシヴを狙ったかって？」SUPER FOOTWORK 新 Exiv 誕生

人へ、社会へ、地球へ。 TOYOTA

58

En levant
les talons,
"gotnikss
gotnikss"
— C'est les pas
d'amour à venir.
La visite d'amour
caressant.

En levant
les talons,
"cosks
cosks"
— C'est les pas
d'amour à venir.
La visite
d'amour béni.

59

58	Pamphlet	
TD.AD.	葛西 薫	Kaoru Kasai
D.	小島潤一	Junichi Kojima
	青葉淑美	Yoshimi Aoba
C.	佐々木宏	Hiroshi Sasaki
	新岡重智	Shigetomo Niioka
P.	上田義彦	Yoshihiko Ueda
CL.	トヨタ自動車㈱	Toyota Motor Corp.

59	Pouch	
TD.AD.	葛西 薫	Kaoru Kasai
CD.	秋山道男	Michio Akiyama
D.	小島潤一	Junichi Kojima
	青葉淑美	Yoshimi Aoba
CL.	日本靴下協会	The Japan Society Hosiery

Kajima 1994 Calendar   KAJIMA

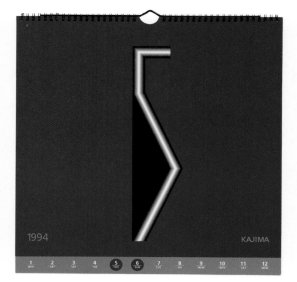

1994   KAJIMA

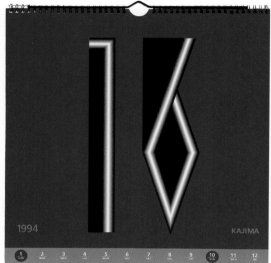

1994   KAJIMA

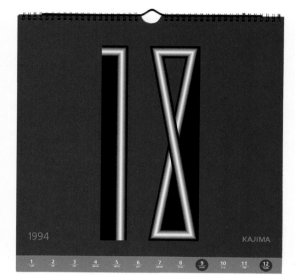

1994   KAJIMA

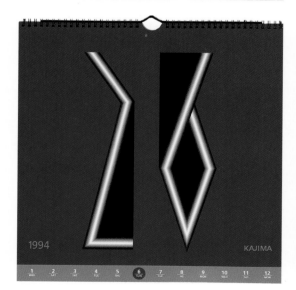

1994   KAJIMA

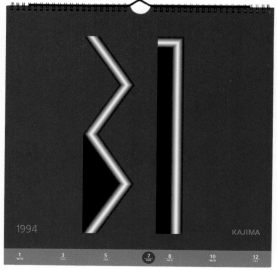

1994   KAJIMA

60　Calendar
TD.AD.D.｜勝井三雄　Mitsuo Katsui
    D.｜麻生隆一　Ryuichi Aso
   CL.｜鹿島建設㈱　Kajima Corp.

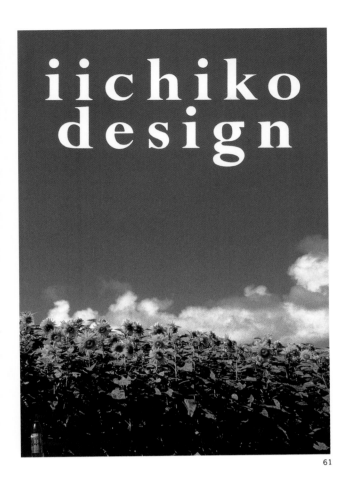

61

62

61　Book
TD.AD.　河北秀也　Hideya Kawakita
D.　明星秀隆　Hidetaka Myojo
CL.　三和酒類㈱　Sanwa Shurui Co., Ltd.

62　Card
TD.AD.　河北秀也　Hideya Kawakita
D.　土田康之　Yasuyuki Tsuchida
CL.　㈱日本ベリエールアートセンター
Japan Berier Art Center Inc.

Shiseido Window Art
100 1963〜1993

資生堂の広告文化の中でウィンドウ・ディスプレイは特別な存在である。単に商品を売るための広告ではなく、街の中にアート・ギャラリーを提供するという役目を果たしてきたのである。'60年代の動くディスプレイ、'70, '80年代の造形表現のさまざまなアプローチそして'90年代のエコロジーなどの新たなデザインテーマの登場。30年間の作品の中から選びぬかれた100点をオールカラーで掲載。福原義春、中村誠、福田繁雄、泉鏡也、古畑多喜雄のメッセージ、伊藤隆道をはじめとするクリエイターたちの座談会を収録。

資生堂のウィンドウ・アート

63

64

63 Editorial Design
TD.AD. 鬼澤 邦 Kuni Kizawa
CD. 中村 誠 Makoto Nakamura
D. 小林俊恵 Toshie Kobayashi
P. 景山 亨 Toru Kageyama
CL. ㈱求龍堂
Kyuryudo Art-Publishing Co., Ltd.

64 Pamphlet
TD.AD. 鬼澤 邦 Kuni Kizawa
CA.P. 高橋 治 Osamu Takahashi
D. 小林俊恵 Toshie Kobayashi
C. 石川一久 Kazuhisa Ishikawa
P. 曽我尚弘 Masahiro Soga
CL. 西山産業開発㈱
Nishiyama Industrial Development Co.,Ltd.

65

66

67

65 Poster
TD.AD.D.A. 木田安彦 Yasuhiko Kida
CL. 京都大骨董祭実行委員会
Kyoto Grand Antique Fair Committee

66 Magazine Cover
TD.AD.D.A. 木田安彦 Yasuhiko Kida
CL. ㈱モリサワ Morisawa & Co., Ltd.

67 Poster
TD.AD.D. 梶谷芳郎 Yoshiro Kajitani
D. 荒川道子 Michiko Arakawa
C. 長谷川宏 Hiroshi Hasegawa
A. 谷田一郎 Ichiro Tanida
高島光伯 Mitsunori Takashima
CL. 浦安市 Urayasu City

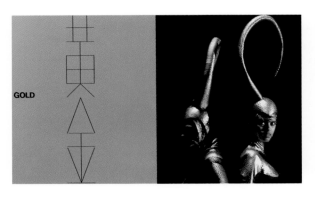

GOLD

TRIANGLE

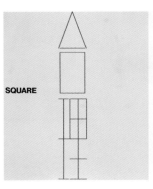

SQUARE

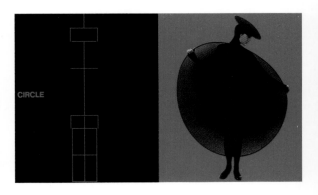

CIRCLE

68

68　Book
TD.AD.D.　木下勝弘　Katsuhiro Kinoshita
CD.　コシノジュンコ　Junko Koshino
CL.　コシノジュンコデザインオフィス
　　　Koshino Junko Design Office

69

70

71

69 Book
TD.AD.D. 木下勝弘 Katsuhiro Kinoshita
CL. 婦人之友社 Fujinnotomo-sha

70 Packaging
TD.AD.D. 木下勝弘 Katsuhiro Kinoshita
CL. ㈱エフ・シー・セイワ
F・C seiwa Co., Ltd.

71 Poster
TD.AD.D. 木下勝弘 Katsuhiro Kinoshita
CL. ㈱竹尾 Takeo Co., Ltd.

71

72 Packaging, Goods Products
TD.AD.D. 木村　勝　Katsu Kimura
D.I. 中島千鶴　Chizuru Nakajima
CL. ㈱ゾナルトアンドカンパニー
Zonart & Co., Ltd.

All of SSAWS
Innovative CI design in the world's largest all-season ski dome

ザウスのロゴマークとそのスプレッドアウト　木村　勝

**LOGOS
WEAR and GEAR
SHOPS and GOODS
SSAWS IMAGE
PICTOGRAMS and
SIGNS**

art direction : **Katsu KIMURA**

73

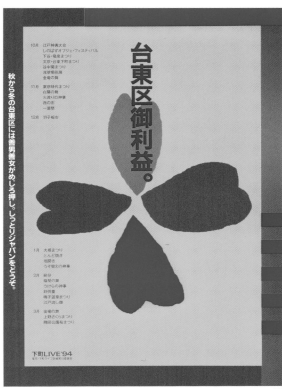

74

75

73　Book
TD.AD.D.　木村　勝　Katsu Kimura
　　　D.　桐澤美智子　Michiko Kirisawa
　　　C.　眞木　準　Jun Maki
　　　CL.　ピエ・ブックス　P・I・E Books

74　Poster
TD.AD.D.　木村　勝　Katsu Kimura
　　CD.C.　久山雅之　Masayuki Kuyama
　　　D.　中島千鶴　Chizuru Nakajima
　　　CL.　台東区　Taito-Ku

75　Book
TD.AD.D.　木村　勝　Katsu Kimura
　　　CL.　六耀社　Rikuyo-Sha Publishing Inc.

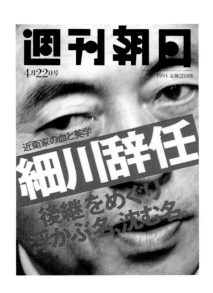

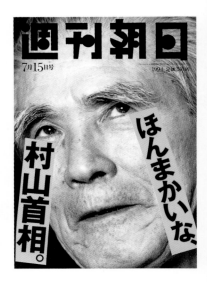

週刊朝日

76

8 AUGUST

THE DAYS WITH JACQUES

77

76　Magazine Cover, Mark & Logotype
TD.AD.　木村裕治　YUji Kimura
D.　川崎洋子　Yoko Kawasaki
CL.　朝日新聞社　Asahishimbun

77　Calendar
TD.AD.　木村裕治　YUji Kimura
D.　宮島里加子　Rikako Miyajima
P.　垂水健吾　Kengo Tarumi
CL.　㈱タグ・グローバル
　　Tag Global Co,. Ltd.

78　Experimental Work
TD.AD.D.　タカオカシゲユキ　Shigeyuki Takaoka
　　Non-Commercial Work

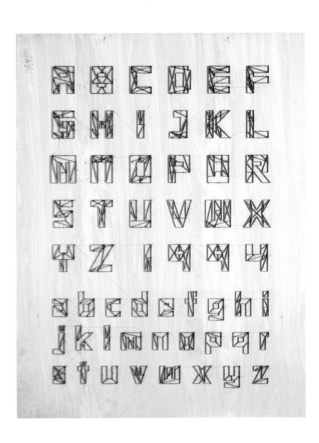

78

80

81

79

79 Typedesign
TD.AD.D. タカオカシゲユキ Shigeyuki Takaoka
Non-commercial Work

80 Mark & Logotype
TD.AD.D. タカオカシゲユキ Shigeyuki Takaoka
TD. 田保橋 淳 Jun Tabohashi
CL. 東京ミニプリント トリエンナーレ事務局
Tokyo Mini Print Triennale Secretariate

81 Mark & Logotype
TD.AD.D. タカオカシゲユキ Shigeyuki Takaoka
Non-Commercial Work

jpaa

日本写真エージェンシー協会
東京都渋谷区神宮前1-10-34 原宿コーポ別館805号 〒150

Japan Photo Agency Association
#805 Harajuku Corp. Annex 1-10-34 Jingumae Shibuya-ku Tokyo 150 Japan

Phone 03-5412-7750 Facsimile 03-5411-0859

83

82

84

82 Letterhead
TD.AD. 金田一剛 Tsuyoshi Kindaichi
D. 坂上 勲 Isao Sakaue
CL. 日本写真エージェンシー協会
Japan Photo Agency Association

83 Envelope
TD.AD. 金田一剛 Tsuyoshi Kindaichi
D. 坂上 勲 Isao Sakaue
CL. 東京カラー工芸社
Tokyo Color Kogeisha Co., Ltd.

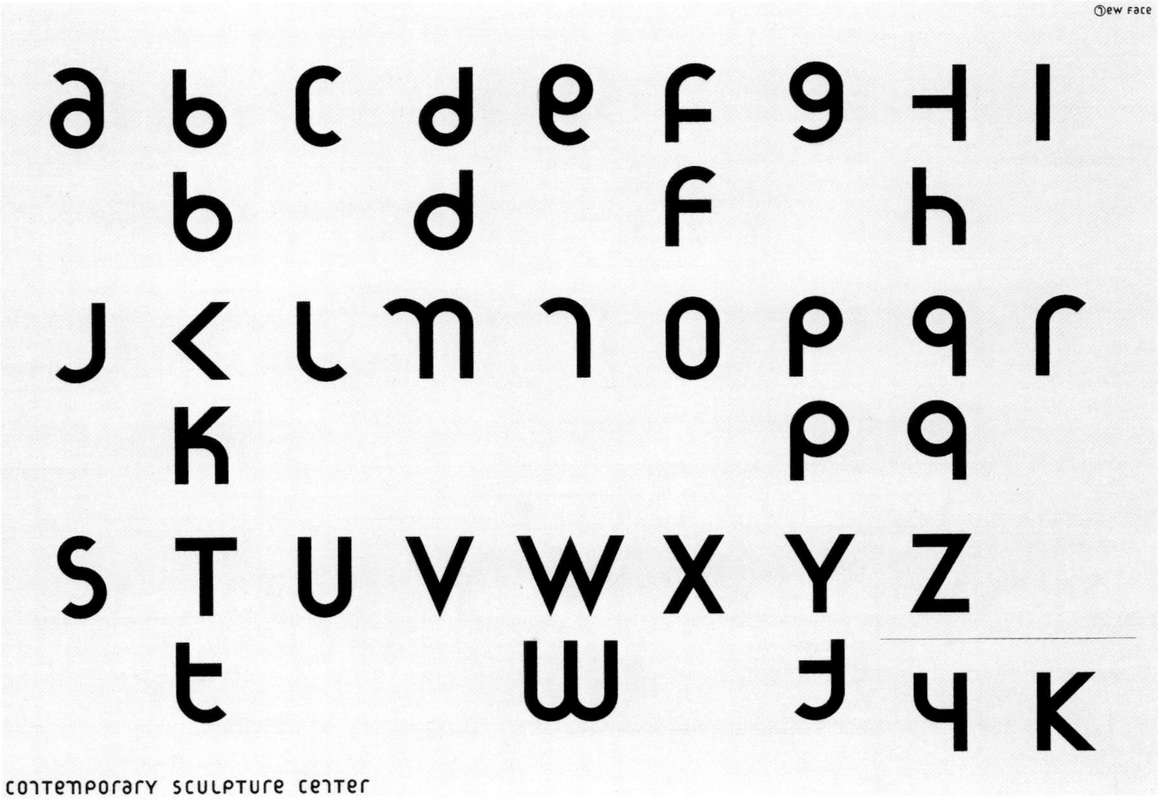

cOnTemporary sculpTure cenTer

cOnTemporary sculpTure cenTer

ew FACE

a b c d e f g h I
b d f h
J k l m n o p q r
k p q
S T U V W X Y Z
t W ꟼ ʎ ʞ

cOnTemporary sculpTure cenTer

84

84 Packaging, Poster
TD.AD. 金田一剛　Tsuyoshi Kindaichi
D. 坂上　勲　Isao Sakaue
CL. ㈱現代彫刻センター
Contemporary Sculpture Center Co., Ltd.

85　Magazine Cover
TD.AD.　小島良平　Ryohei Kojima
D.　北島 栄　Sakae Kitajima
CL.　㈶日本産業デザイン振興会
　　　Japan Industrial Design
　　　Promotion Organization (JIDPO)

86　Stationery
TD.AD.　小島良平　Ryohei Kojima
D.　北島 栄　Sakae Kitajima
CL.　ハッソ㈱　Hasso Corp.

Gurney's Pitta. クロハラシャコバト(ロング)

Gurney's Pitta. This bird that lives in Thailand has been observed only twice outdoors during the past 50 years. It was thought that it would soon become extinct. However, it was learnt at the Bangkok market in Thailand, which is famous for sales of wild birds, that this bird is sold through secret routes. In an investigation following this discovery, it has been confirmed that there are tens of mating habitats in the forests of south Thailand which is now in the middle of a deforestation plan. This area was immediately set aside as a protected area by the Thai Ministry of Forestry, finally making it possible to avoid the dangers of extinction.

What Do You Know About the Decreasing Birds.
It is said that, when the village people living in the forests where this Gurney's Pitta lives were told that this bird was close to extinction, only then they began to support the rescue of the birds living in the forests. Just like in this event, how much do the people of the world actually know about the birds that now must be rescued. There are even examples of people remembering the names of certain birds, but they still find it impossible to recall how those few birds actually look.

Notes Taken in The Red Data Book of Birds that Face the Danger of Extinction.
In 1996 the "Red Data Book", listing the birds facing the danger of extinction, was published for the first time by Birdlife International and The World Conservation Union (IUCN). The number of birds that were listed at that time was around 200 species. Each time this book is reissued, the number increases, and in the issue of 1995 the book listed 12% of all birds existing today, namely approximately 1,000 types of birds.

The Asian Issue of The Red Data Book is Created in Japan.
Wild birds live in a great variety of environments throughout the world. One can know how much of nature that remains by knowing how many wild birds that remain. In other words, in regions where the birds face the danger of extinction, the destruction of nature is also rampant. The 385 species of birds that account for one third of all birds that are decreasing in the world are concentrated in Asia. Wild Bird Society of Japan has obtained the cooperation of the Environment Agency and it has been decided that the Asian issue of the "Red Data Book" is to be created in Japan. This will be done in order to make people, even if only one person more, recall the looks of the wild birds that are facing the danger of extinction, and in order to make people sympathize with activities to protect nature.

The Habitation Environment of Birds Faced With the Danger of Extinction.
There are comparatively many habitats on major island and in tropical forests in whose environments a great variety of species live, but at the same time, such places are the ones whose entire environments are most threatened. If adding up the graph, the figure becomes higher than 100%, and the reason for this is that most species live in multiple habitats.

The Reason for Decrease of Birds Facing Danger of Extinction.
The major causes for that decrease are changes and destruction of the habitats, hunting and competition with newly introduced species. In these statistics too, as most birds are threatened by a multitude of things, the figure becomes higher than 100%, also reason over 100%.

Me and Birds for the Earth
(財)日本野鳥の会
WILD BIRD SOCIETY OF JAPAN

BirdLife

RED DATA BOOK
地球に必要な、最も大切な本のひとつです。
One Among the World's Most Necessary and Important Books.

87 Poster
TD.AD.D. | 小島良平　Ryohei Kojima
D. | 鈴木新治　Shinji Suzuki
CL. | (財)日本野鳥の会
| Wild Bird Society of Japan

88

修了証書　　第　号

年　月　日生

あなたは本校所定の
美術造形専門課程研究科造形課程を
修了したことを証します

年　月　日

学校法人高澤学園　創形美術学校　学校長　若尾眞一郎

89

90

88　Poster
TD.AD.D.　佐藤晃一　Koichi Satoh
CL.　工藤和彦　Kazuhiko Kudo

89　Certificate
TD.AD.D.　佐藤晃一　Koichi Satoh
CL.　学校法人高澤学園・創形美術学校
　　　Sokei Academy of Fine Arts

90　Calendar
TD.AD.D.　佐藤晃一　Koichi Satoh
CL.　㈱コトブキ　Kotobuki Corp.

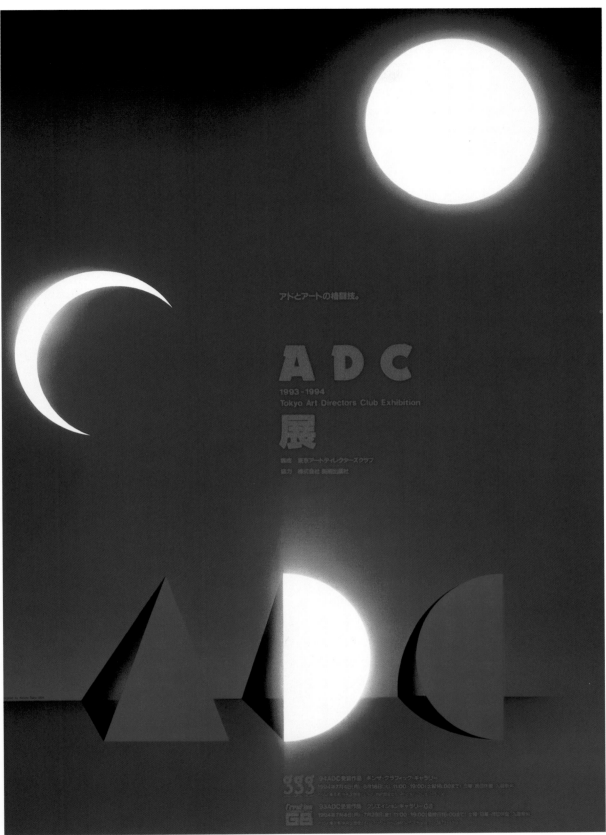

91 Poster
TD.AD.D. 佐藤晃一　Koichi Satoh
C. 西村佳也　Yoshinari Nishimura
CL. 東京アートディレクターズクラブ
Tokyo Art Directors Club

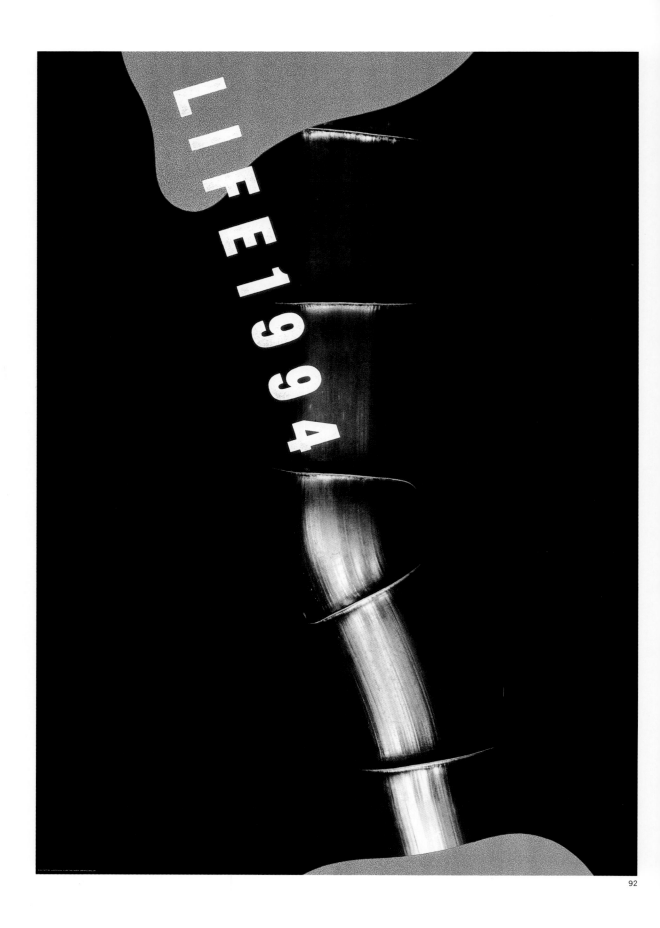

92 Poster
TD.AD.D. 佐藤 卓 Taku Satoh
P. 和田 恵 Megumu Wada
CL. 日本デザインコミッティー
Japan Design Committee

洋舞
洋舞フェスティバル [入場無料]
平成6年10月28日(金)17:30〜20:30 三重県総合文化センター
平成6年10月29日(土)13:00〜18:00 三重県総合文化センター
大勝踏会・みえ'94 [入場無料]
平成6年10月30日(日)11:00〜18:00 四日市市文化会館

国民文化祭・みえ94 ※

92

93

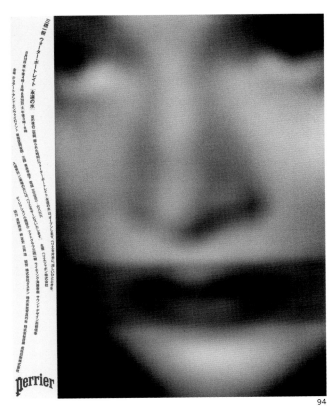

perrier

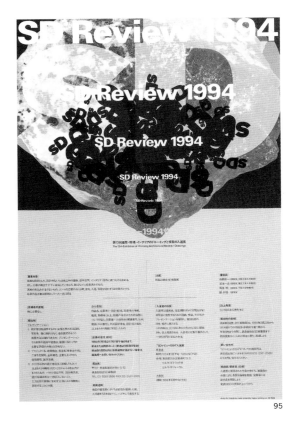

94

95

93 Poster
TD.AD.D.A. 佐藤　卓　Taku Satoh
CL. ㈳日本グラフィックデザイナー協会
　　　JAGDA

94 Poster
TD.AD. 小西啓介　Keisuke Konishi
D. 酒井絹恵　Kinue Sakai
C. 三井　浩　Hiroshi Mitsui
A. 三橋一樹　Ikki Mitsuhashi
CL. ペリエジャポン
　　　Perrier Japan Co., Ltd.

95 Editorial Design
TD.AD.D. 工藤強勝　Tsuyokatsu Kudo
D. 沢田和宏　Kazuhiro Sawada
CL. ㈱鹿島出版会
　　　Kajima Institute Publishing Co.,Ltd.

83

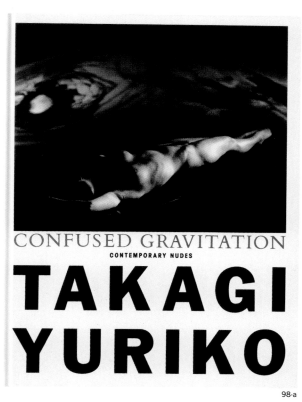

98-a

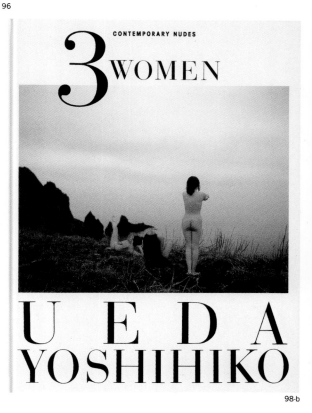

98-b

	96	Poster		97	Book		98-a	Book		98-b	Book
TD.AD.D.	佐村憲一	Kenichi Samura	TD.AD.D.	佐村憲一	Kenichi Samura	TD.AD.D.	佐村憲一	Kenichi Samura	TD.AD.D.	佐村憲一	Kenichi Samura
P.	与田弘志	Hiroshi Yoda	P.	高木由利子	Yuriko Takagi	P.	高木由利子	Yuriko Takagi	P.	上田義彦	Yoshihiko Ueda
CL.	㈱オンリミット	On Limits Inc.	CL.	用美社	Yobisha Co., Ltd.	CL.	㈱美術出版社		CL.	㈱美術出版社	
							Bijutsu Shuppan-Sha, Ltd.			Bijutsu Shuppan-Sha, Ltd.	

Living With AIDS and HIV

9~28 August 1994　Laforet Museum Harajuku

99-a

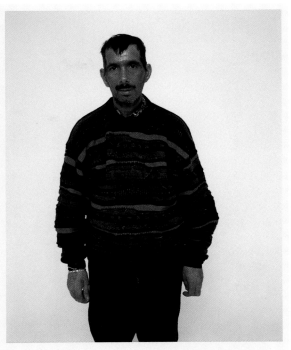

Living With AIDS and HIV

9~28 August 1994　Laforet Museum Harajuku

99-b

Em:Bridge SPECIAL

AIDS
+
HIV

Part I

Women Living With AIDS

Part II

AIDS in Asia

100

99-a　Poster
TD.AD.D. | 高岡一弥　Kazuya Takaoka
C. | 後藤繁雄　Shigeo Goto
P. | 久留幸子　Sachiko Kuru
CL. | Living with AIDS & HIV 実行委員会

99-b　Poster
TD.AD.D. | 高岡一弥　Kazuya Takaoka
C. | 後藤繁雄　Shigeo Goto
P. | 上田義彦　Yoshihiko Ueda
CL. | Living with AIDS & HIV 実行委員会

100　Book
TD.AD. | 高岡一弥　Kazuya Takaoka
D. | 麻生治美　Harumi Aso
E. | 後藤繁雄　Shigeo Goto
CL. | ㈶日本船舶振興会
Nippon Senpaku Shinkoukai Foundation

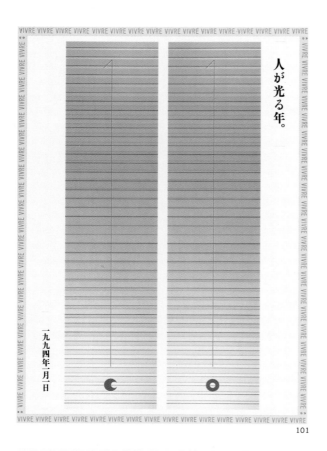

101

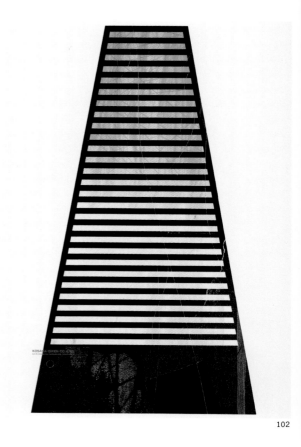

102

103

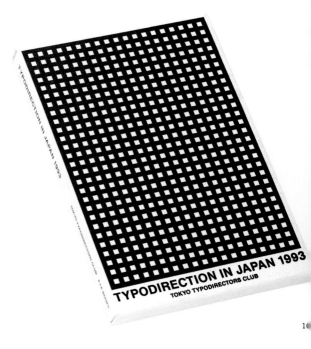

10

101 Poster		102 Poster		103 Poster	
TD.AD.D.	澤田泰廣 Yasuhiro Sawada	TD.AD.D.	澤田泰廣 Yasuhiro Sawada	TD.AD.D.	澤田泰廣 Yasuhiro Sawada
CD.C.	岡部正泰 Masayasu Okabe	CL.	㈱コサカ技研 Kosaka Giken Co., Ltd.	CL.	第9回国民文化祭・みえ'94
CD.	中島祥文 Yoshifumi Nakashima				Executive Committee
P.	田中仁司 Hitoshi Tanaka				for the 9th Nationail Culture Festival,
CL.	㈱ビブレ Vivre Co., Ltd				Mie Pref.

THE 6TH. TOKYO TDC EXHIBITION
GINZA GRAPHIC GALLERY
1994・2・4 (Fri) → 2・26 (Sat)

世界の文字の港、東京。第6回東京タイポディレクターズクラブ展

105

104 Book
TD.AD.D. | 澤田泰廣 Yasuhiro Sawada
CL. | 東京タイポディレクターズクラブ
| Tokyo Typedirectors Club

105 Poster
TD.AD.D. | 澤田泰廣 Yasuhiro Sawada
C. | 眞木　準 Jun Maki
CL. | 東京タイポディレクターズクラブ
| Tokyo Typedirectors Club

106

107

106 Poster
TD.AD. 清水正己 Masami Shimizu
D. 川添 貴 Takashi Kawazoe
C. 山本尚子 Naoko Yamamoto
CL. ㈱ビブレ Vivre Co., Ltd.

107 Catalogue
TD.AD. 清水正己 Masami Shimizu
D. 川添 貴 Takashi Kawazoe
C. 登内綾子 Ayako Tonouchi
CL. ㈱ビブレ Vivre Co., Ltd.

108

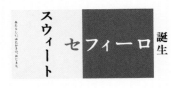

109

108　Newspaper Ad.
TD.AD.　清水正己　Masami Shimizu
　　D.　池田智子　Tomoko Ikeda
　　C.　岩崎俊一　Shunichi Iwasaki
　　I.　高嶺信夫　Nobuo Takamine
　　CL.　㈱資生堂　Shiseido Co., Ltd.

109　Newspaper Ad. ,Envelope
TD.AD.　清水正己　Masami Shimizu
　　D.　川添　貴　Takashi Kawazoe
　　　　正親　篤　Atsushi Ohgi
　　C.　若山憲二　Kenji Wakayama
　　　　村山孝文　Takafumi Murayama
　　　　白部真一　Shinichi Shirabe
　　CL.　日産自動車㈱　Nissan Motor Co., Ltd

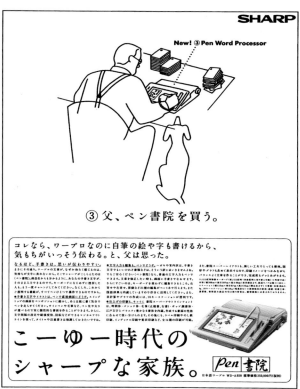

外国へ行ってハラハラするより、家族で行こう九州の夏。

114

希望とか、失意とか、見えないものも乗せている。

115

113	Newspaper Ad.		114	Poster		115	Poster
TD.AD.	副田高行 Takayuki Soeda		TD.AD.	副田高行 Takayuki Soeda		TD.AD.	副田高行 Takayuki Soeda
CD.C.	仲畑貴志 Takashi Nakahata		CD.C.	仲畑貴志 Takashi Nakahata		CD.C.	仲畑貴志 Takashi Nakahata
D.	井波優子 Yuko Inami		D.	梶原道生 Michio Kajiwara		D.	梶原道生 Michio Kajiwara
A.	斎藤捷夫 Hayao Saito		CL.	九州旅客鉄道㈱ Kyushu Railway Co.		P.	藤井 保 Tamotsu Fujii
CL.	㈱岩田屋 Iwataya Store Co., Ltd.					CL.	九州旅客鉄道㈱ Kyushu Railway Co.

116 Poster
TD.AD.D. 田中一光 Ikko Tanaka
CL. 茶美会文化研究所 SABIE Cultural Institute

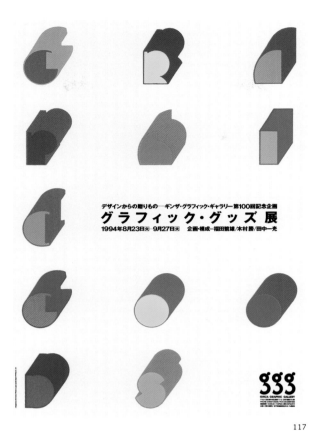

117

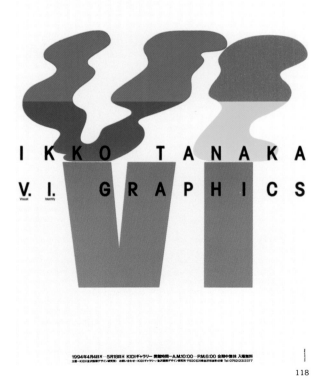

118

117 Poster
TD.AD.D. 田中一光 Ikko Tanaka
CL. ギンザ・グラフィック・ギャラリー
Ginza Graphic Gallery

118 Poster
TD.AD.D. 田中一光 Ikko Tanaka
CL. 金沢国際デザイン研究所
Kanazawa International Design Institute

119

120

121

119 Book
TD.AD. | タナカノリユキ　Noriyuki Tanaka
D. | 川村秀雄　Hideo Kawamura
山崎綾子　Ayako Yamazaki
CL. | 小学館　Shogakukan, Inc.

120 Book
TD.AD. | タナカノリユキ　Noriyuki Tanaka
D. | 川村秀雄　Hideo Kawamura
CL. | ㈱福武書店
Fukutake Publishing Co., Ltd.

121 Book
TD.AD. | タナカノリユキ　Noriyuki Tanaka
D. | 川村秀雄　Hideo Kawamura

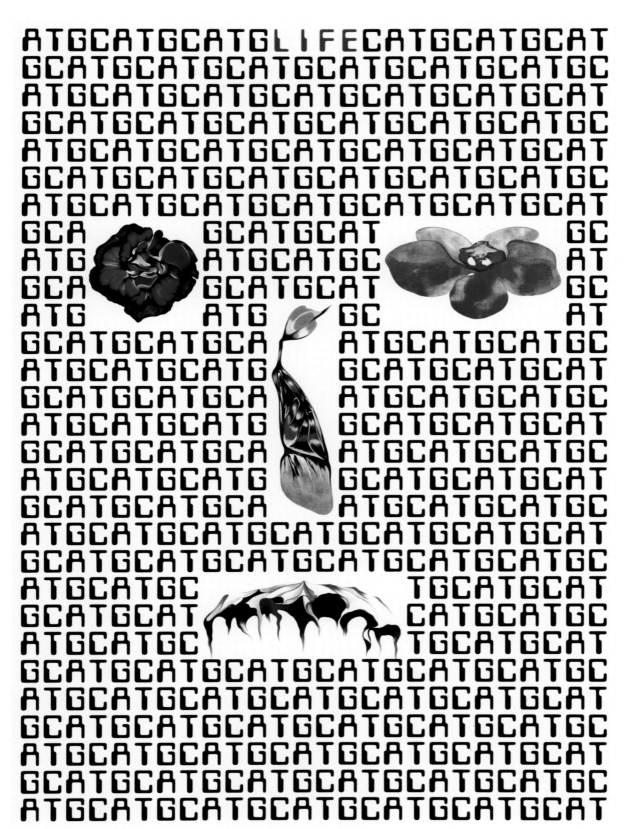

122 Poster
TD.AD. タナカノリユキ Noriyuki Tanaka
D. 川村秀雄 Hideo Kawamura
CL. 日本デザインコミッティー
Japan Design Committee

KARUIZAWA MUSEUM OF PHOTOGRAPHY

123

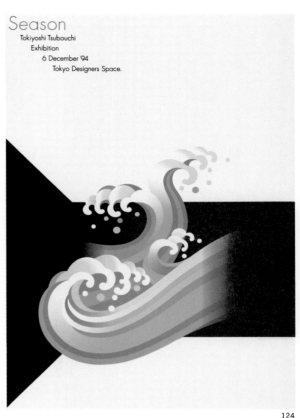

Season
Tokiyoshi Tsubouchi
Exhibition
6 December '94
Tokyo Designers Space.

124

Kū
—Emptiness

Ikko Narahara

125

ペーター佐藤作品集［パステル・ワーク］
Pastel Works

by Pater Sato

126

	123 Poster		124 Poster		125 Book		126 Book
TD.AD.D.	澁谷克彦 Katsuhiko Shibuya	TD.AD.D.	坪内祝義 Tokiyoshi Tsubouchi	TD.AD.D.	辻 修平 Shuhei Tsuji	TD.AD.D.	辻 修平 Shuhei Tsuji
CL.	旧軽井沢写真美術館 Karuizawa Museum of Photography	CL.	TOKIデザイン室 TOKI Design Studio	P.	奈良原一高 Ikko Narahara	I.	ペーター・佐藤 Pater Sato
				CL.	㈱リブロポート Libroport Co., Ltd.	CL.	㈱クレオ Creo Corp.

127

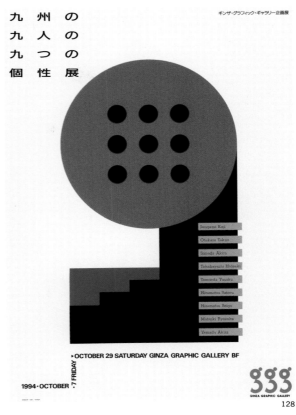

128

129

127 Poster
TD.AD.D. 友枝雄策 Yusaku Tomoeda
A. 財津友子 Tomoko Zaitsu
CL. ギンザ・グラフィック・ギャラリー
Ginza Graphic Gallery

128 Poster
TD.AD.D. 友枝雄策 Yusaku Tomoeda
CL. ギンザ・グラフィック・ギャラリー
Ginza Graphic Gallery

129 Editorial Design
TD.AD.D. 高原 宏 Hiroshi Takahara
C. 島 武実 Takemi Shima
A. 田辺裕史 Hiroshi Tanabe
CL. ㈱流行通信社
Ryuko Tsushin Publications, K.K.

130

131

EAST JAPAN RAILWAY
CULTURE FOUNDATION

132

130 Newspaper Ad.
TD.AD. 中島祥文 Yoshifumi Nakashima
 D. 佐藤一郎 Ichiro Sato
 C. 西村佳也 Yoshinari Nishimura
 P. 横須賀功光 Noriaki Yokosuka
 CL. ヴァージンアトランティック
 Virgin Atlantic Airways

131 Pamphlet
TD.AD.D. 中島祥文 Yoshifumi Nakashima
 D. 佐藤一郎 Ichiro Satoh
 DD. 太田徹也 Ohta Tetsuya
 CL. ㈳日本グラフィックデザイナー協会
 JAGDA

132 Mark & Logotype
TD.AD.D. 中島祥文 Yoshifumi Nakashima
 D. 高根 等 Hitoshi Takane
 CL. ㈶東日本鉄道文化財団
 East Japan Railway Culture Foundation

MUSEUM OF CONTEMPORARY ART, TOKYO

東京都現代美術館

MUSEUM CONTEMPORARY TOKYO
OF   ART

ABCDEFGHIJKLMN
OPQRSTUVWXYZ
abcdefghijklmn
opqrstuvwxyz
0123456789
＊&!?/().'"",;:`-

133

133 Mark & Logotype
TD.AD.D. 仲條正義 Masayoshi Nakajo
CL. 東京都現代美術館
Museum of Contemporary Art Tokyo

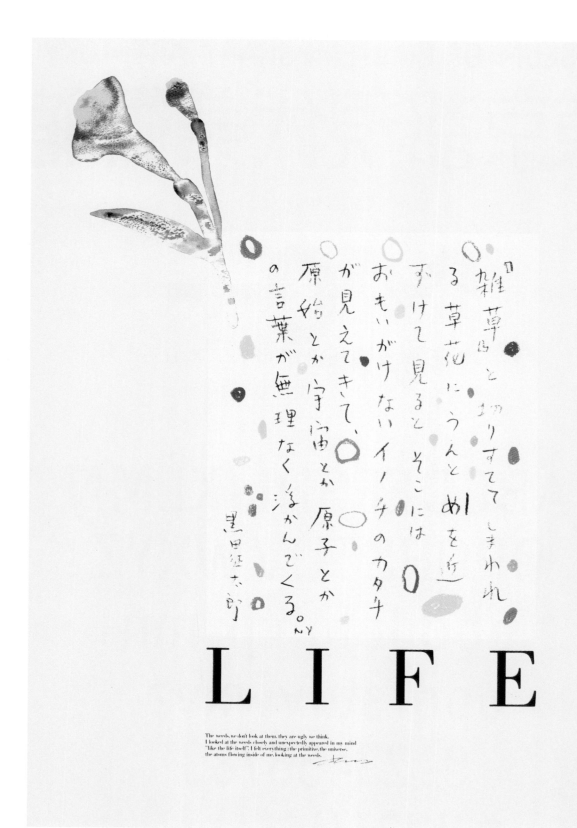

LIFE

134 Poster
TD.AD. 長友啓典 Keisuke Nagatomo
D. 伊東浩司 Koji Ito
C.A. 黒田征太郎 Seitaro Kuroda
CL. 日本デザインコミッティー
Japan Design Committee

ウイスキーは オールド。

文・伊集院静 画・長友啓典

男児が生まれた夜、

何人の父を子が
キャッチボールをしたことが
あるのだろうか。

静

その友人は酒場でぼそりと言った。「い
つか、あいつとキャッチボールができ
るんだろうか」「うん、そりゃや悪くな
いな」「案外と野球が嫌いだったりして
な」友人は照れくさそうに笑った。「い
や、案外と野球しかできなかったりし
てな…」友人は、何でもいいが、元気そ
うだった。…あれから二千年が経った。
彼は息子とキャッチボールをしたのだ
ろうか。

キャッチボールなんて…おそらく大半
の若者は言うかもしれない。君が、や
がて男のそんな感情をいとおしいと思
うようになるまでには、少し時間もい
るのだろうな。

飲酒は20歳を過ぎてから。

135　Newspaper Ad.
TD.AD.A.　長友啓典　Keisuke Nagatomo
D.　前橋隆道　Takamichi Maebashi
C.　伊集院静　Shizuka Ijuin
CL.　㈱サントリー　Suntory Ltd.

136　Pamphlet
TD.D.　中谷匡児　Kyoji Nakatani
AD.D.　長谷川章　Akira Hasegawa
D.　鈴木智己　Tomomi Suzuki
C.　喜内章　Akira Kinai
CL.　北陸メディアセンター
　　　Hokuriku Media Center

137　Book
TD.AD.D.　成瀬始子　Motoko Naruse
CD.AD.　久保木泰夫　Yasuo Kuboki
D.　前田茂実　Shigemi Maeda
P.　Man Ray
CL.　㈱パルコ出版　Parco Co.,Ltd.

138　Catalogue
TD.AD.D.　成瀬始子　Motoko Naruse
C.　解体新社　Kaitaishinsha Inc.
P.　広川泰士　Taishi Hirokawa
CL.　資生堂企業文化部
Shiseido Corporate Culture Department

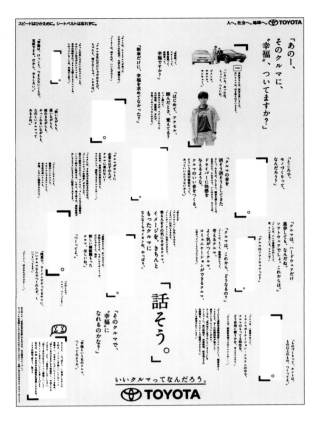

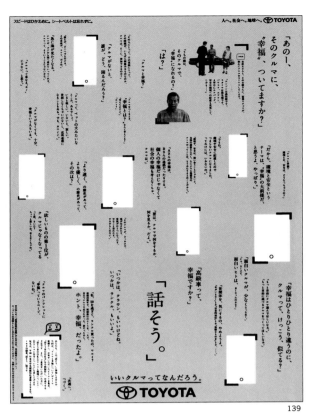

139

140

139　Newspaper Ad.
TD.AD.　中森陽三　Yozo Nakamori
CD.C.　佐々木宏　Hiroshi Sasaki
CC.　森吉繁夫　Shigeo Moriyoshi
D.　渡邉均　Hitoshi Watanabe
P.　十文字美信　Bishin Jumonji
I.　仲條正義　Masayoshi Nakajo
CL.　トヨタ自動車　Toyota Motor Corp.

140　Book
TD.AD.　中森陽三　Yozo Nakamori
CD.C.　佐々木宏　Hiroshi Sasaki
CC.　森吉繁夫　Shigeo Moriyoshi
D.　渡邉均　Hitoshi Watanabe
C.　新岡重智　Shigetomo Niioka
I.　仲條正義　Masayoshi Nakajo
　　提坂則子　Noriko Sagesaka
CL.　トヨタ自動車　Toyota Motor Corp.

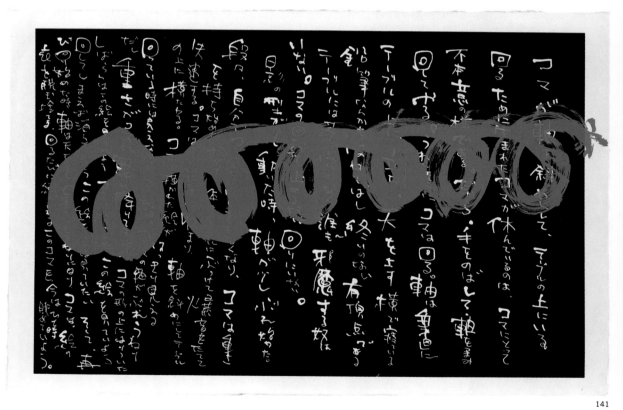

141 Poster
TD.AD.D.C.A. | 日比野克彦　Katsuhiko Hibino
| Non-Commercial Work

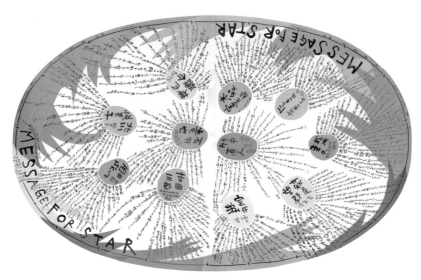

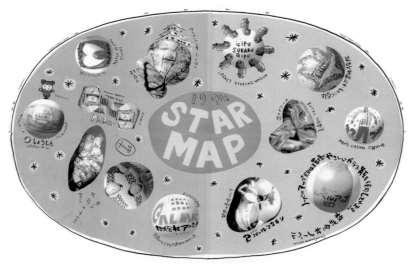

142

142 Newspaper
TD.AD.D.C.A. | 日比野克彦　Katsuhiko Hibino
CL. | 岐阜新聞　The Gifu Newspapers

143

144

145

143 Poster
TD.AD.D. 平野湟太郎 Kotaro Hirano
D. 須見高士 Takashi Sumi
CL. ㈱リクルート Recruit Co., Ltd.

144 Poster
TD.AD.D. 平野湟太郎 Kotaro Hirano
D. 須見高士 Takashi Sumi
CL. グリーンブルー㈱ Green Blue Corp.

145 Poster
TD.AD.D. 平松聖悟 Seigo Hiramatsu
Non-Commercial Work

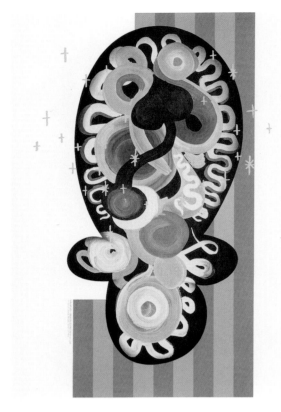

146

147

IMAGE PROCESSING LABORATORY
Nara Institute of Science and Technology 8916-5 Takayama, Ikoma, Nara, 630-01, Japan. Phone.07437-2-5270 Fax.07437-2-5279

148

OVAL

149

146 Poster	147 Book	148 Letterhead	149 Mark & Logotype
TD.AD.D. 松下 計 Kei Matsushita	TD.AD. 藤井陽一郎 Youichirou Fujii	TD.AD. 古村 理 Osamu Furumura	TD.D. 細川栄二 Eiji Hosokawa
CL. 横浜ハイテクプリンティング	D. 鈴木博之 Hiroyuki Suzuki	D. 山口眞二 Shinji Yamaguchi	AD. 緒方耕司 Koji Ogata
Yokohama Hightech	山本亜砂加 Asaka Yamamoto	CL. 国立奈良先端科学技術大学院大学	CIC. オーディーエス ODS
Printing Co., Ltd.	A. さか井みゆき Miyuki Sakai	Nara Institute of Science	CL. ㈱オーバル OVAL Corp.
	CL. Beat Pops Inc.	and Technology	

8-19 / OHMORI NISHI 7-CHOME / OHTA-KU / TOKYO 143 / JAPAN
PHONE / FAX : 03-3736-4494   NIFTY SERVE ID NO. : MXC 04463

150

151

1-33-3-311, HATSUDAI, SHIBUYA-KU, TOKYO 151
PHONE/FAX:03-3320-6956

152

150　Letterhead, Mark & Logotype
TD.AD.D.　三﨑陽尹　Harumasa Misaki
CL.　喰代栄一　Eiichi Hoojiro

151　Mark & Logotype
TD.AD.D.　三﨑陽尹　Harumasa Misaki
CL.　Madison Co., Ltd.

152　Letterhead, Mark & Logotype
TD.AD.D.　三﨑陽尹　Harumasa Misaki
CL.　板垣安則　Yasunori Itagaki

153　Packaging
TD.AD.D.　松永 真　Shin Matsunaga
D.　小堀賢一　kenichi kobori
CL.　高岡市美術館
　　　Takaoka Art Museum

108

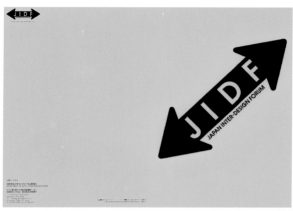

154

156

155

157

154	Book Cover	
TD.AD.D.	松永 真 Shin Matsunaga	
CL.	日本文化デザインフォーラム	
	Japan Inter-Design Forum	

155	Sign & Display	
TD.AD.D.	松永 真 Shin Matsunaga	
CL.	㈱福武書店	
	Fukutake Publishing Co.,Ltd.	

156	Packaging	
TD.AD.D.	松永 真 Shin Matsunaga	
D.	小堀賢一 kenichi kobori	
CL.	国立西洋美術館	
	The National Museum of	
	Western Art, Tokyo	
	読売新聞社	
	The Yomiuri Shimbun	

157	Packaging	
TD.AD.D.	松永 真 Shin Matsunaga	
CL.	キリンビール㈱	
	Kirin Brewery Co., Ltd.	

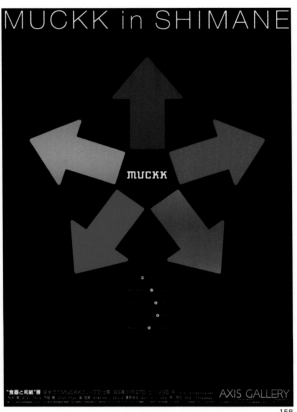

158

159

160

161

158 Poster
TD.AD.D. 松永 真 Shin Matsunaga
CL. ㈳しまね文化経済推進協会
Shimane Cultural
Economic Society

159 Poster
TD.AD.D. 松永 真 Shin Matsunaga
CL. ㈱サクレ SACRE Inc.

160 Poster
TD.AD.D. 松永 真 Shin Matsunaga
CL. Biennial of
Industrial Design,
Slovenia

161 Poster
TD.AD.D. 松永 真 Shin Matsunaga
CL. International
Trademark Center, Belgium

110

Design by Shin Matsunaga 1984 Printed in Japan by Kyodo Printing Co.,Ltd.

162

162 Poster
TD.AD.D. 松永 真 Shin Matsunaga
CL. 日本デザインコミッティー
Japan Design Committee

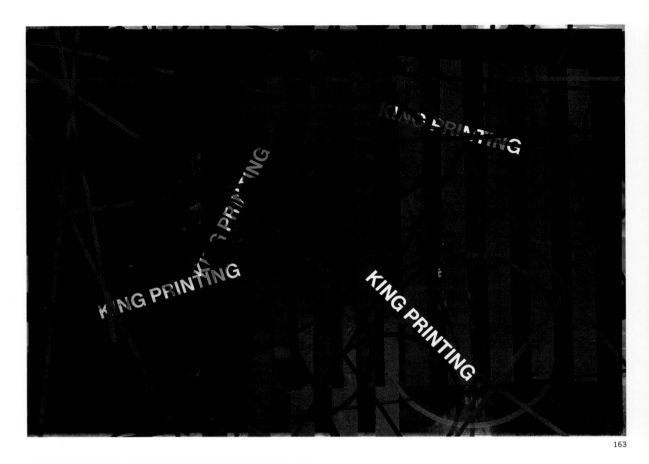

163

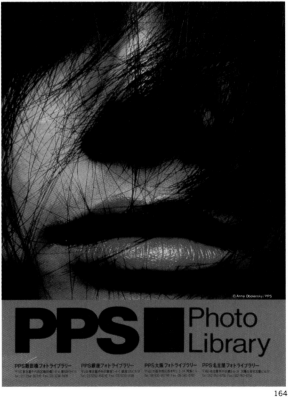

164

165

	163 Poster		164 Magazine Ad.		165 Packaging		166 Packaging
TD.AD.C.	水谷孝次　Koji Mizutani	TD.AD.	水谷孝次　Koji Mizutani	TD.AD.	水谷孝次　Koji Mizutani	TD.AD.D.	山口至剛　Shigo Yamaguchi
D.I.	大溝　裕　Hiroshi Ohmizo	D.	山下雅士　Masashi Yamashita	D.	大溝　裕　Hiroshi Ohmizo	CL.	カルピス食品工業㈱
CL.	キングプリンティング㈱	CL.	PPS通信社　Pacific Press Service		山下雅士　Masashi Yamashita		The Calpis Food Industry
	King Printing Co., Ltd.				堀内淳子　Junko Horiuchi		Co., Ltd.
				CL.	森永製菓㈱　Morinaga & Co., Ltd.		

166

167

竹の子クラブ

168

169

HOTEL
METS
MUSASHISAKAI

170

167　Mark & Logotype
TD.AD.D.　山口至剛
　　　　　Shigo Yamaguchi
CL.　ダイニングバー・辺
　　　Dining Bar NABE

168　Mark & Logotype
TD.AD.D.　山口至剛
　　　　　Shigo Yamaguchi
CL.　医療法人楽生会　Rakuseikai

169　Newspaper Ad.
TD.AD.　安原和夫　Kazuo Yasuhara
D.　神崎博文　Hirofumi Kanzaki
C.　太田恵美　Megumi Ohta
P.　宮原康弘　Yasuhiro Miyahara
CL.　㈱資生堂　Shiseido Co., Ltd.

170　Mark & Logotype
TD.AD.D.　山本洋司　Yoji Yamamoto
CD.　柳田芳男　Yoshio Yanagida
　　　㈱ジェイアール東日本企画
　　　Japan Marketing &
　　　Communications, Inc.
CL.　東日本旅客鉄道㈱
　　　East Japan Railway Company

171

Creating the Ultimate Edge

172

TOKYO INTERNATIONAL FORUM
東京国際フォーラム

173

174

171 Mark & Logotype
TD.AD. 村瀬省三　Shozo Murase
D. 内田元和　Motokazu Uchida
　　村瀬　潤　Jun Murase
CL. 松下電子工業㈱
　　Matsushita Electric Co., Ltd.

172 Mark & Logotype
TD.AD. 村瀬省三　Shozo Murase
D. 内田元和　Motokazu Uchida
　　村瀬　潤　Jun Murase
CL. ㈱キュー　CUE

173 Mark & Logotype
TD.AD.D. 矢萩喜従郎　Kijuro Yahagi
CL. ㈶東京国際交流財団
　　The Tokyo International Foundation

KIJURO YAHAGI

175

174 Calendar
TD.AD.D. 矢萩喜従郎 Kijuro Yahagi
CL. ㈱アー・ドゥ・エスパブリシング
A de S Publishing Inc.

175 Poster
TD.AD.D. 矢萩喜従郎 Kijuro Yahagi
Non-commercial Work

115

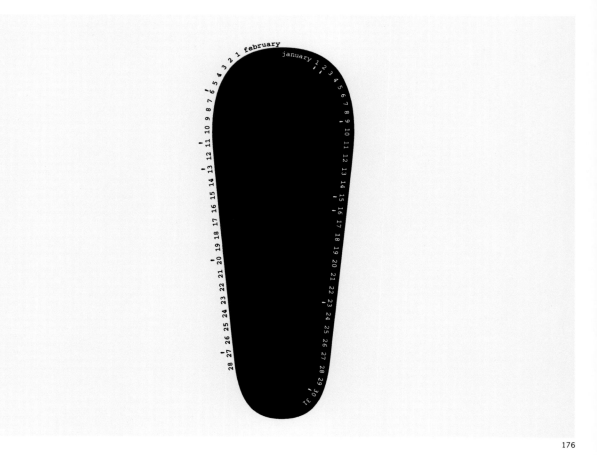

176

177

178

176 Calendar
TD.AD.D. | 青葉淑美 Yoshimi Aoba
| Non-Commercial Work

177 Poster
TD.AD. | 秋田　寛 Kan Akita
D. | 古平正義 Masayoshi Kodaira
CL. | TOTO出版 TOTO Shuppan

178 Mark & Logotype
TD.AD.D. | 秋田　寛 Kan Akita
D. | 古平正義 Masayoshi Kodaira
CL. | アディロン㈱ Adiron Co., Ltd.

Ruedi Baur / Intégral Concept
exposition du 15 mars au 12 avril

179

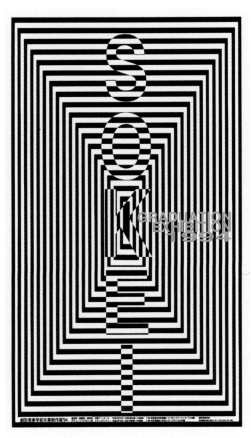

180

181

179 Poster
TD.D. 荒木優子 Yuko Araki
AD. 松井桂三 Keizo Matsui
CL. 大日本印刷DDDギャラリー
Dai Nippon Printing DDD Gallery

180 Poster
TD.AD. 秋山カズオ Kazuo Akiyama
CL. 創形美術学校
Sokei Academy of Fine Arts

181 Newspaper Ad.
TD.AD.D.A. 秋山具義 Gugi Akiyama
CL. 新潮社 Shinchosha Publishing Co.

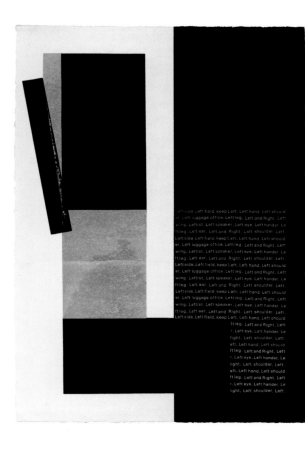

182 Poster
TD.D. 石井 原 Gen Ishii
Non-Commercial Work

183 Experimental Work
TD.AD.D. 石田直久 Naohisa Ishida
Non-Commercial Work

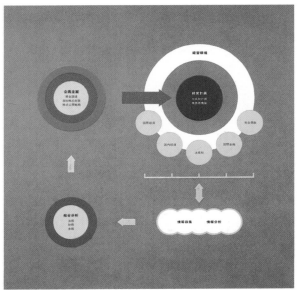

184

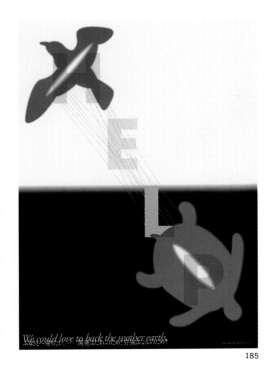

185

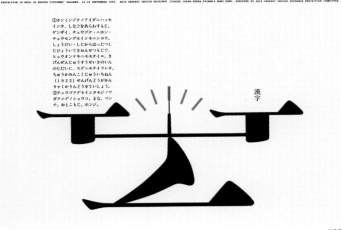

漢字

186

184 Catalogue
TD.AD. 井上里枝　Satoe Inoue
CD. 宮田 識　Satoru Miyata
D.I. 渡部浩明　Hiroaki Watanabe
I. 久保 悟　Satoru Kubo
C. 三井 浩　Hiroshi Mitsui
CL. 安田信託銀行
The Yasuda Trust And Banking Co., Ltd.

185 Poster
TD.AD.D.C. 岩上孝二　Koji Iwagami
CL. 九州グラフィックデザイン協会
Kyusyu Graphic Design Association

186 Poster
TD.AD.D.C.A. 河本大洋　Oumi Kawamoto
CL. アジア・グラフィックデザイン
交流展実行委員会
Asia Graphic Design
Exchange Exhibition Committee

187

188

187 Newspaper Ad.
TD.AD. 江川初代　Hatsuyo Egawa
CD. 宮田　識　Satoru Miyata
D. 石崎路浩　Michihiro Ishizaki
山本和彦　Kazuhiko Yamamoto
藤田成美　Narumi Fujita
C. 広瀬正明　Masaaki Hirose
P. 宮澤正明　Masaaki Miyazawa
CL. ㈱モスフードサービス
Mos Food Service Inc.

188 Newspaper Ad.
TD.AD.D. 岩藤重人　Shigeto Iwafuji
C. 池田雅夫　Masao Ikeda
A. 岸　充信　Michinobu Kishi
CL. ㈱資生堂　Shiseido Co., Ltd.

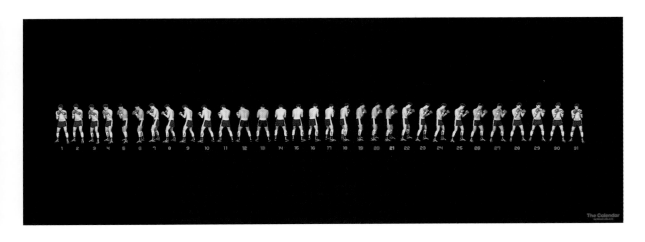

189

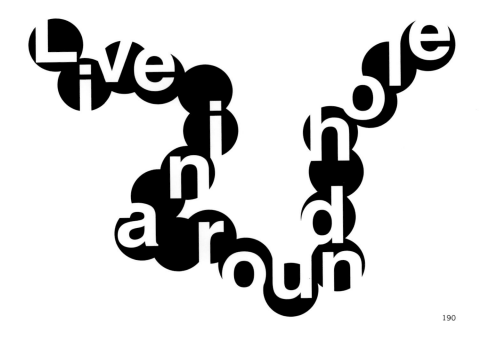

190

189 Calendar
TD.AD. | 岡戸芳生 Yoshio Okado
P. | 小林 光 Hikari Kobayashi
CL. | ㈱日庄 Nissho Co., Ltd.

190 Experimental work
TD.AD.D.C.A. | 遠藤牧人 Makito Endo
Non-Commercial Work

191

192

193

191　Poster
TD.AD.D.　海老名　淳　Atsushi Ebina
CL.　㈱パルコ　Parco Co., Ltd.

192　Poster
TD.AD.D.　海老名　淳　Atsushi Ebina
CL.　シネセゾン　Cine Saison

193　Book
TD.AD.D.　海老名　淳　Atsushi Ebina
C.　吉良岳子　Takeko Kira
CL.　吉良知彦　Tomohiko Kira

Kotoshi mo
kaisha-annai wo tsukurimashita.
1994

E.

194

195

196

194 Pamphlet
TD.AD.D.P. | 蝦名龍郎　Tatsuo Ebina
P. | 宮澤正明　Masaaki Miyazawa
藤井　保　Tamotsu Fujii
友野　正　Tadashi Tomono
CL. | ㈲E. E. Co., Ltd.

195 Poster
TD.AD.D.P. | 蝦名龍郎　Tatsuo Ebina
CL. | ㈲E. E. Co., Ltd.

196 Newspaper Ad.
TD.AD. | 蝦名龍郎　Tatsuo Ebina
CD. | 古田元次郎　Motojiro Furuta
D. | 永田武史　Takeshi Nagata
C. | 東　秀紀　Hideki Azuma
P. | 友野　正　Tadashi Tomono
CL. | ㈱バンダイ　Bandai Co., Ltd.

(SHADOW)

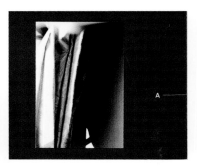

A

B

ALPHABET A PICTURE.

SHADOW

Produced By KIYOMI OKIAYU.

A. tansuniututtakatentoamidonokage
B. douroniututtagasadoreerunokage
C. mazasabokujyoonookujyoonite
D. tansunototte
E. tataminiututtatesurino
F. tansuniututtasmidonokage
G. tukueniolteattameganenokage
H. hodouniututteitatessakunokage
I. asi
J. kabeniututtagaitounokage
K. douroniututteitagasadoreirunokage
L. douroniututteitatesurinokage
M. souzikinokage
N. monnokage
O. CDnokage
P. denchunokage
Q. torakkunitundeatuttazairyounokage
R. ???
S. gasadoreerunokage
T. amidonokage
U. heddohonnokagetukueniutu
V. douroniututtakaidannotesuri
W. tukueniututtakatentoamidonokage
X. ???
Y. tessakunokage   Z. tessakutokanaaminokage

197

13

198

197 Experimental Work
TD.AD.D.C.A. | 置鮎清海 Kiyomi Okiayu
| Non-Commercial Work

198 Sign & Display
TD.AD.D. | 太田 岳 Gaku Ohta
D. | 日本デザインセンター
CIデザイン研究所
Nippon Design Center
Corporate Identity Division
CL. | 長谷エコーポレーション
HASEKO Corp.

199 Poster
TD.AD. | 奥村昭夫 Akio Okumura
D. | 梶原恵美 Emi Kajihara
CL. | フェリシモ Felissimo Corporation

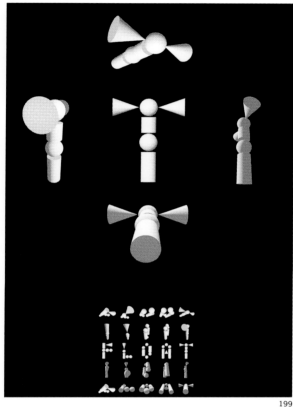

199

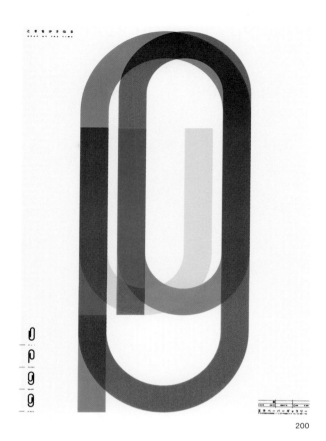

200

201

202

200 Poster
TD.AD. 奥村昭夫 Akio Okumura
D. 梶原恵美 Emi Kajihara
CL. 新王子製紙 New Oji Paper Co., Ltd.

201 Poster
TD.AD. 奥村昭夫 Akio Okumura
D. 梶原恵美 Emi Kajihara
CL. 新王子製紙 New Oji Paper Co., Ltd.

202 Packaging
TD.AD. 奥村昭夫 Akio Okumura
D. 南 勝治 Katsuji Minami
CL. 牛乳石鹸共進社
Cow Brand Soap Kyoshinsha Co., Ltd.

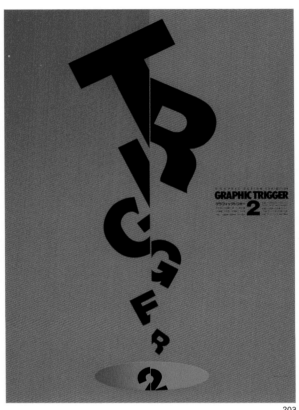

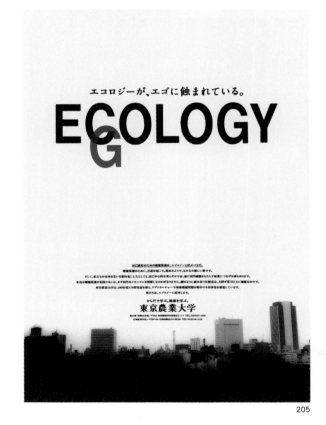

203

204

205

203 Poster
TD.AD.D.C. 小谷恭二　Kyoji Kotani
CL. グラフィックトリガー展実行委員会
Graphic Trigger Exhibition Committee

204 Poster
TD.AD.D.C. 小谷恭二　Kyoji Kotani
CL. ㈳日本グラフィックデザイナー協会
JAGDA

205 Poster
TD.AD. 工藤規雄　Norio Kudo
D. 日置好文　Yoshifumi Hioki
C. 笠原千昌　Chiaki Kasahara
P. 加藤正博　Masahiro Kato
PR. 川合治子　Haruko Kawai
CL. 東京農業大学
Tokyo University of Agriculture

SETSUJI MAEKAWA FIRST EXHIBITION IN PRISM

206

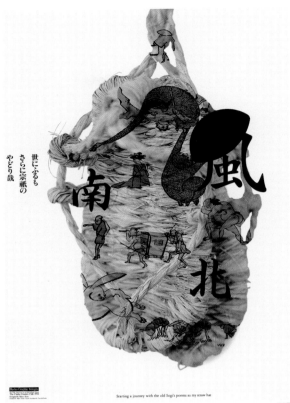

Starting a journey with the old Sogi's poems as my straw hat

207

MY WILL
Remove AIDS from
Human Life

208

206 Poster
TD.AD.D. 加藤周三 Shuzo Kato
C.CL. 前川節治 Setsuji Maekawa
P. 勝田安彦 Yasuhiko Katsuda

207 Poster
TD.AD.D. 加藤周三 Shuzo Kato
C. 前川節治 Setsuji Maekawa
P. 勝田安彦 Yasuhiko Katsuda
CL. 中部クリエイターズクラブ
Chubu Creaters Club

208 Poster
TD.AD.D. 加藤周三 Shuzo Kato
C. 前川節治 Setsuji Maekawa
P. 勝田安彦 Yasuhiko Katsuda
CL. 岐阜グラフィックデザイナーズクラブ
Gifu Graphic Designers Club

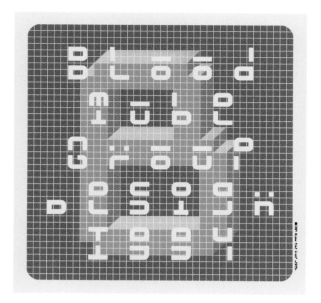

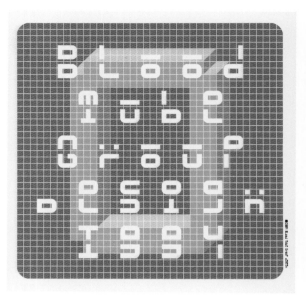

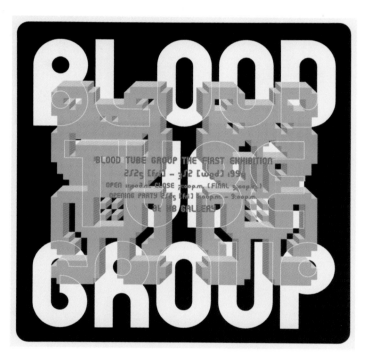

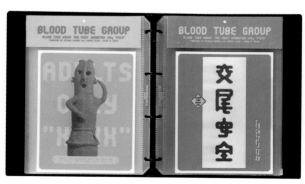

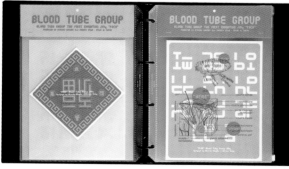

209

209 Poster, File
TD.AD. 金子 敦 Atsushi Kaneko
TD.AD.D. 打江泰子 Yasuko Uchie
Non-Commercial Work

210 Poster
TD.AD.D. 後藤 宏 Hiroshi Goto
CL. ミュージアム・シティ・プロジェクト
Museum City Project

211 Poster
TD.AD.D. 後藤 宏 Hiroshi Goto
CL. G.ハウス・ギャラリー
G. House Gallery

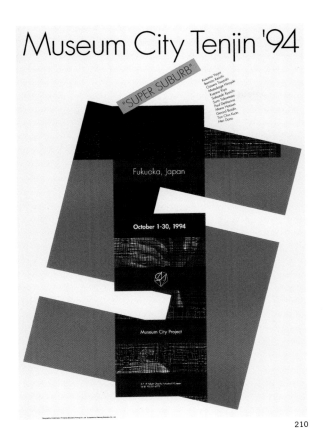

210

211

212

213

Casals Hall Viola Space 1994

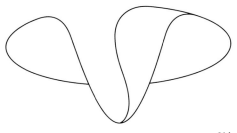

214

212 Packaging
TD.AD. 加藤芳夫 Yoshio Kato
TD.D. 前田英樹 Tsuneki Maeda
CD. 大門敏彦 Toshihiko Daimon
CL. サントリー㈱ Suntory Ltd.

213 Mark & Logotype
TD.AD.D. 梶原道生 Michio Kajiwara
CL. カザルスホール Casals Hall

214 Mark & Logotype
TD.AD.D. 梶原道生 Michio Kajiwara
CL. カザルスホール Casals Hall

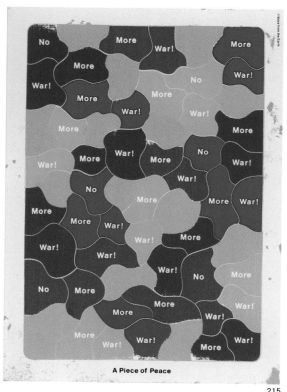

A Piece of Peace

215

216

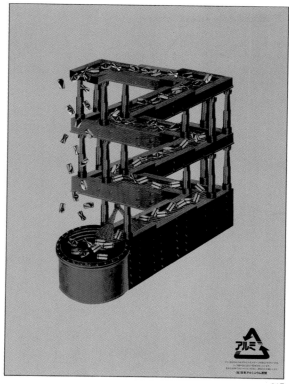

217

215 Poster
TD.AD.D.C. 草谷隆文 Takafumi Kusagaya
CL. Voice from the Earth

216 Magazine Ad.
TD.AD.D.A. 草谷隆文 Takafumi Kusagaya
CD. 松本 与 Ato Matsumoto
CL. ATO Inc.

217 Newspaper Ad.
TD.AD.D.C. 草谷隆文 Takafumi Kusagaya
P. 宮下 教 Atsushi Miyashita
CL. ㈳日本アルミニウム連盟
Japan Aluminium Sederation

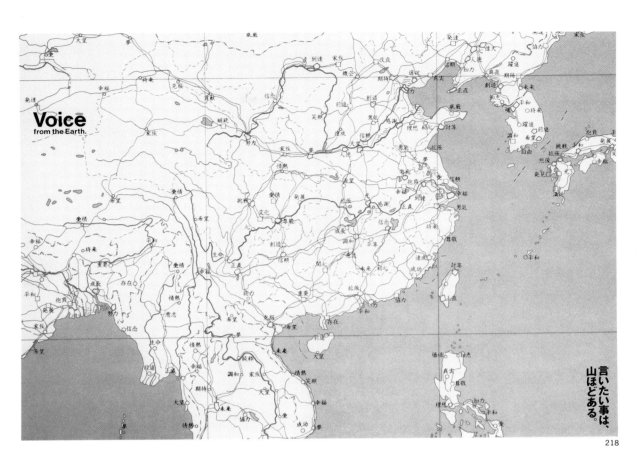

Voice
from the Earth.

言いたい事は、山ほどある。

218

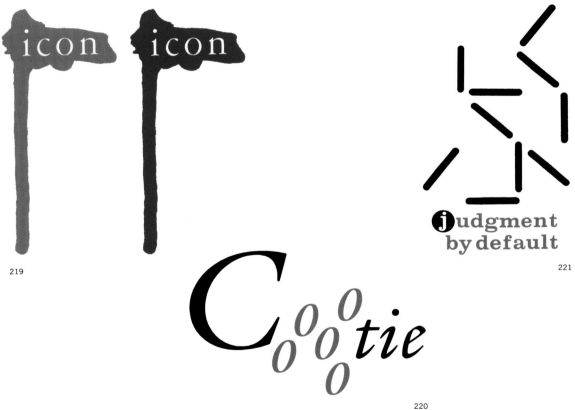

icon icon

219

Coootie

220

くじん

judgment
by default

221

218　Poster
TD.AD.D.C.　草谷隆文
　　　　　Takafumi Kusagaya
　　　　　Voice from the Earth

219　Mark & Logotype
TD.AD.D.　草谷隆文
　　　　　Takafumi Kusagaya
CL.　icon Co., Ltd.

220　Mark & Logotype
TD.AD.D.　草谷隆文
　　　　　Takafumi Kusagaya
CL.　Cootie Co., Ltd.

221　Mark & Logotype
TD.AD.D.　草谷隆文
　　　　　Takafumi Kusagaya
CL.　judgment by default Inc.

PASONA
INTERNATIONAL

PASONA

222

Pasona International Inc.
712 Fifth Avenue, 44th Floor, New York, NY 10019
Telephone: 212/581-8055
Fax: 212/262-3575

223

222 Letterhead, Mark & Logotype
TD.AD. │ 河野能美　Yoshimi Kono
    D. │ Dani Piderman
       │ Rebecca Rose
   CL. │ パソナグループ　Pasona Group

223 Sign & Display
TD.D. │ 河野能美　Yoshimi Kono
  CL. │ ㈱デザイナーズコレチオーネジャパン
       │ Designers Collezione Japan, Inc.

村田 中博士
の発見

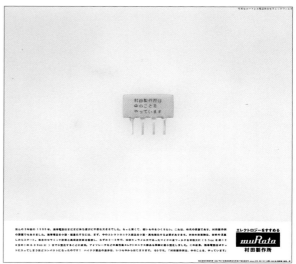

MAY

M T W T F S S
                    1
2 3 4 5 6 7 8
9 10 11 12 13 14 15
16 17 18 19 20 21 22
23 24 25 26 27 28 29
30 31

SUN-AD 1994

OCTOBER

M T W T F S S
              1 2
3 4 5 6 7 8 9
10 11 12 13 14 15 16
17 18 19 20 21 22 23
24 25 26 27 28 29 30
31

SUN-AD 1994

224 Newspaper Ad.
TD.AD.D.　小塚重信　Shigenobu Kozuka
　　C.　安藤　隆　Takashi Ando
　　　　下堂貴政　Takamasa Shimodo
　　P.　藤井　保　Tamotsu Fujii
　CL.　㈱村田製作所
　　　　Murata Manufacturing Co., Ltd.

225 Calendar
TD.AD.D.A.　小塚重信　Shigenobu Kozuka
　　C.　下堂貴政　Takamasa Shimodo
　CL.　㈱サン・アド　SUN-AD Con., Ltd.

226　Poster
TD.AD.　近藤　忠　Tadashi Kondo
D.　早川　靖　Yasushi Hayakawa
C.　小林秀雄　Hideo Kobayashi
P.　宇田幸彦　Yukihiko Uda
PR.　遠藤　朗　Akira Endo
吉田理映子　Rieko Yoshida
CL.　姫路市　Himeji City

227

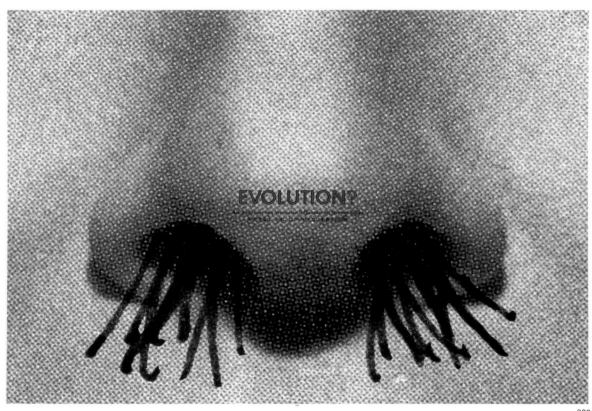

228

227 Poster
TD.AD.D. 小松洋一　Yoichi Komatsu
C. 村井恵一　Keiichi Murai
CL. 服部セイコー　Seiko Corp.

228 Poster
TD.AD.D. 小松洋一　Yoichi Komatsu
C. 原　瑞穂　Mizuho Hara
CL. 江の島アートディレクターズクラブ
Enoshima Art Directors Club

229

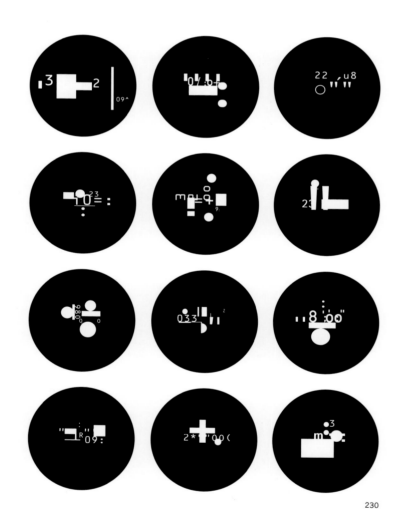

230

229 Poster
TD.AD.D.C. | Dirk Van Dooren
Simon Taylor
CL. | Strive. D. Club (Fukuoka, Japan)

230 Experimental Work
TD.AD.D.C.A.CL. | Dirk Van Dooren
Non-Commercial Work

231

231 Catalogue
TD.AD.D.C.A. | Dirk Van Dooren
TD.AD. | Johnathan Cooke
CL. | British Industrial Giant

232

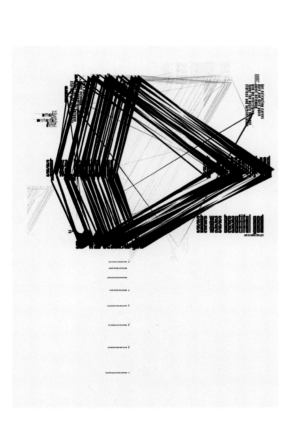

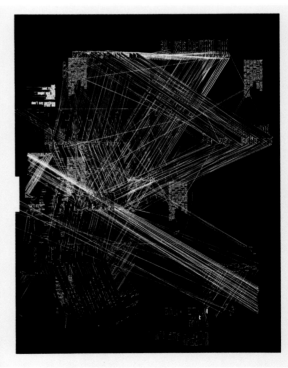

233

232 Record Jacket
TD.AD.C.A.CL. | John Warwicker
CL. | Junior Boys Own
| Non-Commercial Work

233 Experimental Work
TD.AD.D.C.A.CL. | John Warwicker
| Non-Commercial Work

234

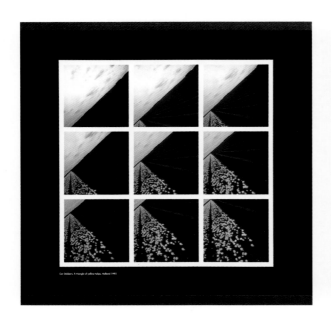

Ger Dekkers / Overzicht

12 werken 1990 - 1994

236

235 Experimental Work
TD.AD.D.C.A.CL. | Simon Taylor
| Non-Commercial Work

236 Catalogue
TD.D. | Pieter Brattinga
CL. | Museum De Beyerd, Breda

235

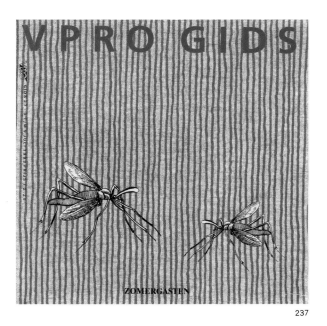

237

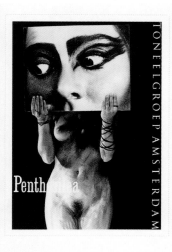

238

237   Radio TV guide cover
TD.   Pieter Brattinga
CL.   VPRO Radio Television

238   Book
TD.D.   Pieter Brattinga
CL.   Gallery Pieter Brattinga

239

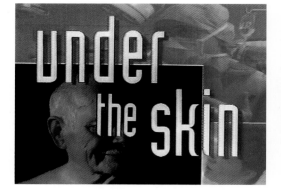

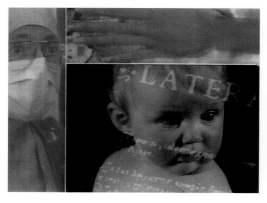
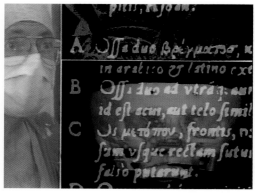

240

239 TV-Program Film
TD.AD. | Ed Linfoot
ED. | James Parsons
CL. | UK GOLD / Satelite Television

240 TV-Program Film
TD.AD. | Ed Linfoot
ED. | Alan Ritchie
CL. | ITV / Thames Television

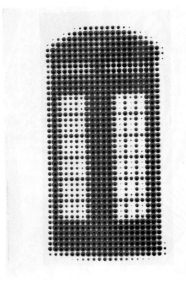

There is a recurring theme that runs through many of the cards: the theme of dreams.

241

242

243

241 Book
TD.D. | Akin Fernandez
CL. | P134 Publishing

242 Mark & Logotype
TD.AD.D. | Freeman Lau Siu Hong
D. | Benson Kwun Tin Yau
CL. | Artistry

243 Poster
TD.AD.D. | Freeman Lau Siu Hong
A. | Veronica Cheung Lai Sheung
CL. | Zuni Icosahedron

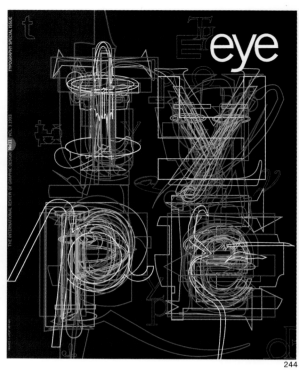

244

244   Book
TD. | Stephen Coates
CL. | EMAP Business Communications

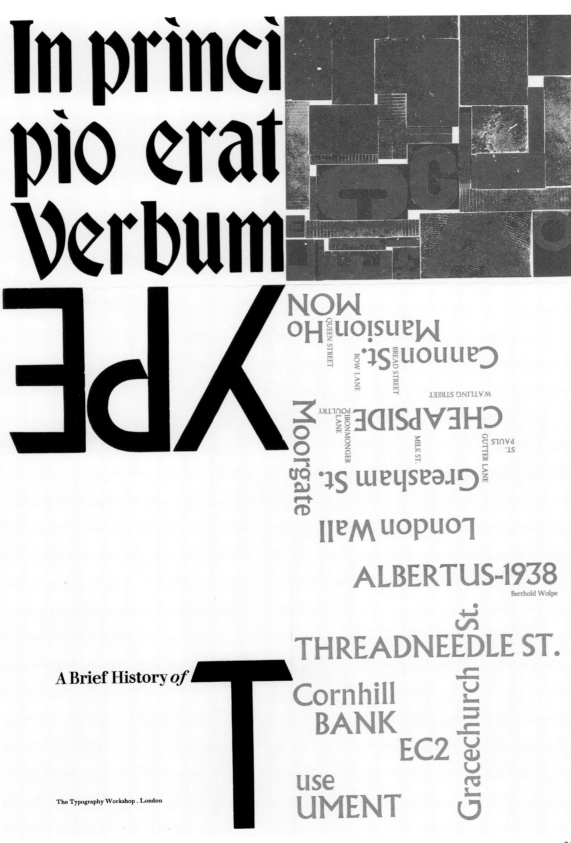

In princi
pio erat
verbum

TYPE

A Brief History of T

The Typography Workshop . London

NOW
Mansion Ho
QUEEN STREET
Cannon St.
BOW LANE
BREAD STREET
WATLING STREET
CHEAPSIDE
POULTRY
IRONMONGER
LANE
Moorgate
ST. PAULS
MILK ST.
GUTTER LANE
Gresham St.
London Wall
ALBERTUS-1938
Berthold Wolpe
THREADNEEDLE ST.
St.
Cornhill
BANK
EC2
Gracechurch
use
UMENT

245

No problem. I know the monsters weak point.

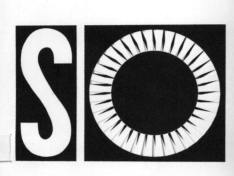

246

246   Experimental Work
TD.AD.D.C.A. | 斎藤麻子   Asako Saito
| Non-Commercial Work

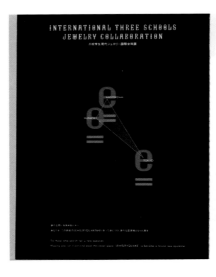

247

248

247 Book
TD.AD.D. 鈴木善博　Zempaku Suzuki
D. 内藤正比呂　Masahiro Naito
CL. 専門学校ヒコ・みづのジュエリーカレッジ
Hiko・Mizuno College of Jewelry

248 Experimental Wok
TD.AD.D. 倉嶌隆広　Takahiro Kurashima
TD.C. 齊藤俊文　Toshifumi Saito
Non-Commercial Work

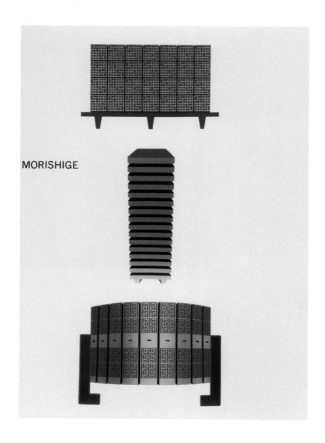

MORISHIGE

INTERIOR

249

Stream of Characters

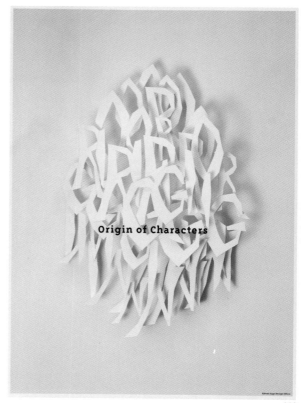

Origin of Characters

250

249 Poster
TD.AD.D. | 櫻田厚志 Atsushi Sakurada
C. | 藤本英雄 Hideo Fujimoto
P. | 山田純子 Junko Yamada
CL. | インテリア モリシゲ Interior Morishige

250 Poster
TD.AD.D. | 左合ひとみ Hitomi Sago
P. | 小山一成 Kazunari Koyama
CL. | 左合ひとみデザイン室
Hitomi Sago Design Office

251 Poster
TD.AD.D. | 杉崎真之助 Shinnosuke Sugisaki
P. | 斉藤保憲 Yasunori Saito
CL. | 松下電器産業㈱
Matsushita Electric Co., Ltd.

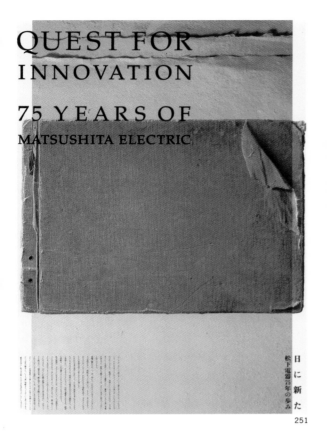

251

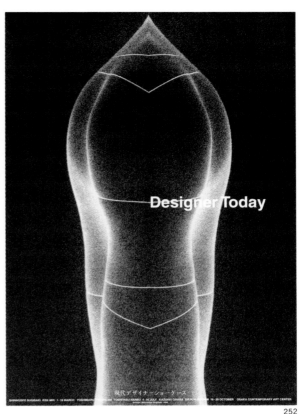

現代デザイナーショーケース

SHINNOSUKE SUGISAKI, KEIII MIKI 1-18 MARCH   YOSHIMARU TAKAHASHI   YOSHIYASU NANBU 4-16 JULY   KAZUAKI OSAKA, SHUICHI NITTA 18-29 OCTOBER   OSAKA CONTEMPORARY ART CENTER

Designer Today

252

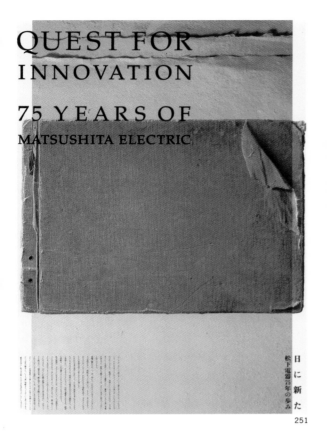

吉原
治良
賞

第8回美術コンクール展
作品募集

搬入：1995年1月24日図―25日図
審査員：靉嘔明／大河内愛雄／高橋秀／増田洋／元永定正
賞：大賞1点・副賞200万円／優秀賞4点・副賞10万円
主催：大阪府立現代美術センター

大阪府立
現代美術
センター

展覧会期：1995年3月6日図―3月18日図

253

Cosmology of
KYOTO
TALES OF THE HEIAN MILLENNIUM
CD-ROM FOR MACINTOSH
INTERACTIVE GAME FORMAT AND ENCYCLOPEDIC REFERENCE MODE

254

252 Poster
TD.AD.D.A. 杉崎真之助 Shinnosuke Sugisaki
CL. 大阪府立現代美術センター
     Osaka Contemporary Art Center

253 Poster
TD.AD.D. 杉崎真之助 Shinnosuke Sugisaki
D. 木村三晴 Sansei Kimura
CL. 大阪府立現代美術センター
     Osaka Contemporary Art Center

254 Poster
TD.AD.D. 杉崎真之助 Shinnosuke Sugisaki
D. 木村三晴 Sansei Kimura
CL. ヤノ電器㈱ Yano Electric Co., Ltd.

255

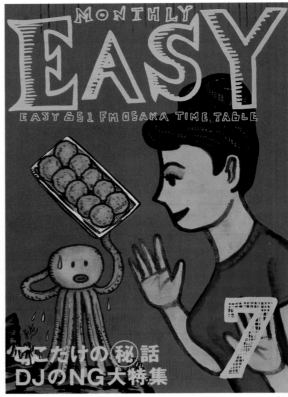

256

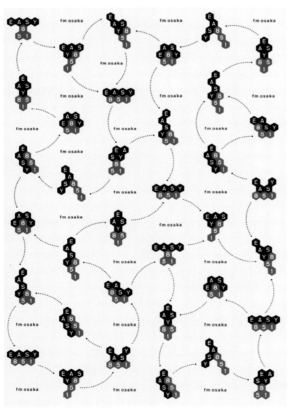

257

258

255	Poster		256	Magazine Cover		257	Wrapping Paper		258	Packaging
TD.AD.D.	佐古田英一　Eiichi Sakota		TD.AD.D.	佐古田英一　Eiichi Sakota		TD.AD.D.	佐古田英一　Eiichi Sakota		TD.AD.D.	佐古田英一　Eiichi Sakota
D.	川上利男　Toshio Kawakami		D.	新森義孝　Yoshitaka Shinmori		D.	川上利男　Toshio Kawakami		D.	川上利男　Toshio Kawakami
CD.	小堀武信　Takenobu Kobori		CD.	加藤正明　Masaaki Kato			新森義孝　Yoshitaka Shinmori		CD.	加藤正明　Masaaki Kato
C.	永田　豊　Yutaka Nagata		C.	安田直子　Naoko Yasuda		CD.	加藤正明　Masaaki Kato		CL.	㈱エフエム大阪
P.	久留幸子　Sachiko Kuru			高橋知子　Tomoko Takahashi		CL.	㈱エフエム大阪			FM Osaka Co., Ltd.
CL.	大建工業㈱		I.	河村要助　Yosuke Kawamura			FM Osaka Co., Ltd.			
	Daiken Trade&Industry Co., Ltd.		CL.	㈱エフエム大阪						
				FM Osaka Co., Ltd.						

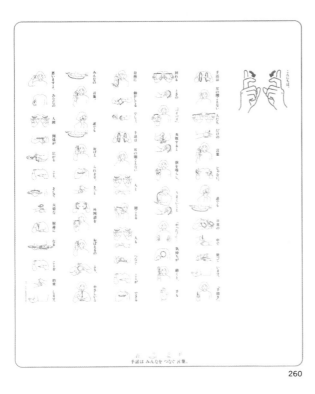

259

260

261

259 Newspaper Ad.
TD.AD. 高田正治　Masaharu Takata
D.　　東　白英　Shirohide Azuma
C.　　片原泰志　Yasushi Katahara
CL.　　読売新聞社
　　　　The Yomiuri Shinbun

260 Newspaper Ad.
TD.AD.D. 新村則人　Norito Shinmura
C.　　坂田元玄　Motoharu Sakata
I.　　濱路ナナ　Nana Hamaji
CL.　　毎日新聞
　　　　The Mainichi Newspapers

261 Calender
TD.AD.D. 鈴木　誠　Makoto Suzuki
　　　　Non-Commercial Work

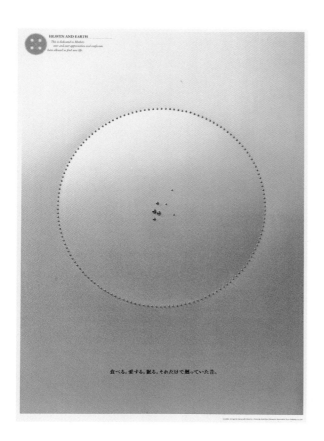

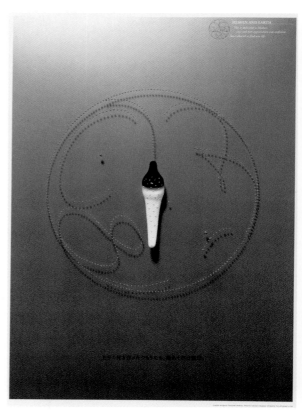

262　Poster
TD.AD.D.A.　清水竜行　Tatsuyuki Shimizu
C.　横山照美　Terumi Yokoyama
　　Non-Commercial Work

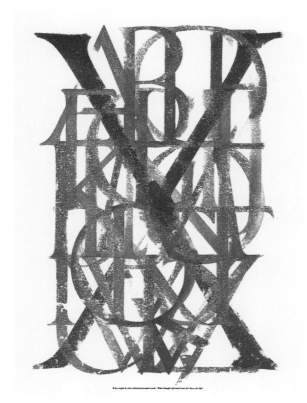

263

264

265

263 Poster
TD.AD.D.I. 竹智　淳　Jun Takechi
C. 後藤　学　Manabu Goto
Non-Commercial Work

264 Poster
TD.AD.D. 竹智こずえ　Kozue Takechi
Non-Commercial Work

265 Poster
TD.AD.D. 高橋善丸　Yoshimaru Takahashi
P. 奥脇孝一　Koichi Okuwaki
CL. 大阪府立現代美術センター
Osaka Contemporary Art Center

266

267

266   Leaflet
TD.AD. | 立花ハジメ　Hajime Tachibana
D. | 松本弦人　Gento Matsumoto
P. | 伊島 薫　Kaoru Ijima
CL. | 西日本鉄道㈱
     | Nishi Nippon Rail Road Co., Ltd.

267   Pamphlet, LD Case Jacket
TD.AD. | 立花ハジメ　Hajime Tachibana
D. | 佐倉喜代子　Kiyoko Sakura
P. | 伊島 薫　Kaoru Ijima
CL. | EPIC・ソニーレコード
     | Epic/Sony Records

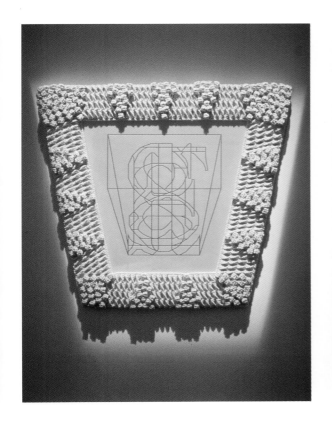

268

269

268 Experimental Work
TD.AD.A. 立花ハジメ Hajime Tachibana
Non-Commercial Work

269 Experimental Work
TD.AD. 塚田哲也 Tetsuya Tsukada
TD.AD. 秀親 Hidechika
Non-Commercial Work

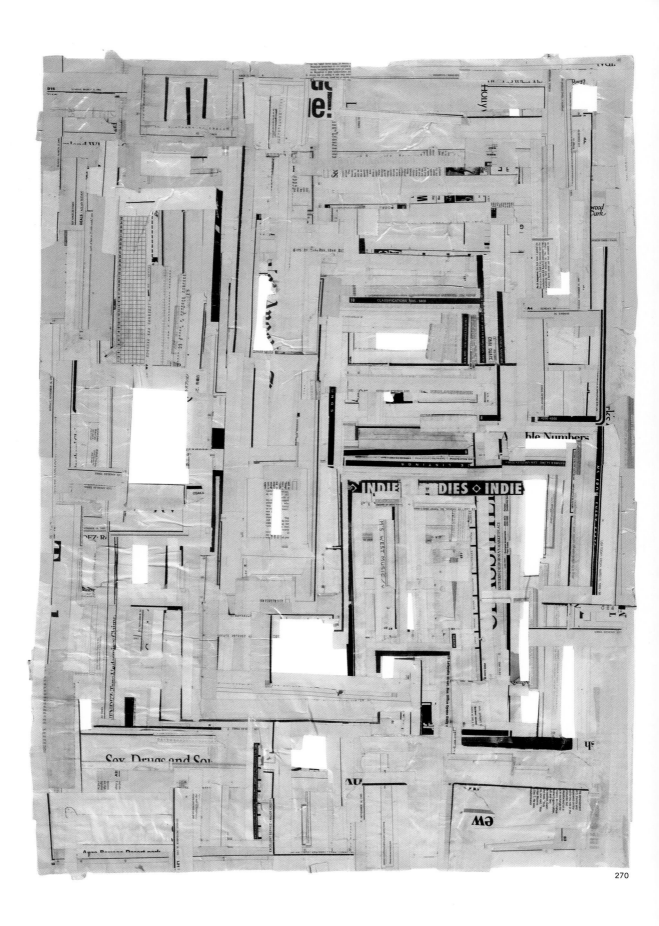

270

270 Experimental Work
TD.A. | 立花文穂 Fumio Tachibana
     | Non-Commercial Work

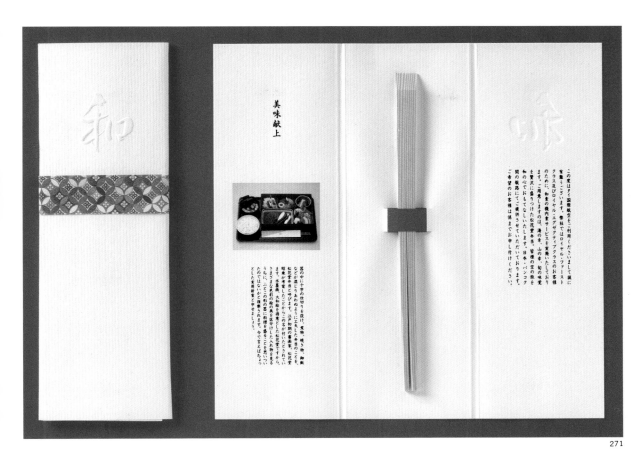

271

NIPPON
INFORMATION
INCORPORATED

272

MITSUKE

273

OFFICE NARU

274

271　Pamphlet
TD.D.　塚本明彦　Akihiko Tsukamoto
　AD.　鈴木芳久　Yoshihisa Suzuki
　　C.　養田雅之　Masayuki Minoda
　　A.　富永暖望　Harumi Tominaga
　CL.　タイ国際航空
　　　　Thai Airways International Ltd.

272　Mark & Logotype
TD.D.　塚本明彦　Akihiko Tsukamoto
　CL.　日本インフォメーション㈱
　　　　Nippon Information Incorporated

273　Mark & Logotype
TD.D.　塚本明彦　Akihiko Tsukamoto
　AD.　秋山政美　Masami Akiyama
　CL.　見附市ニット協会
　　　　Mitsuke City Knit Association

274　Mark & Logotype
TD.D.　塚本明彦　Akihiko Tsukamoto
　CL.　オフィス ナル　Office Naru

 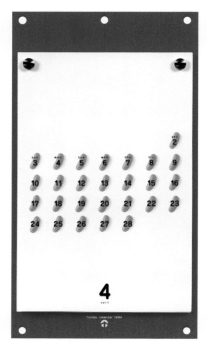 

275

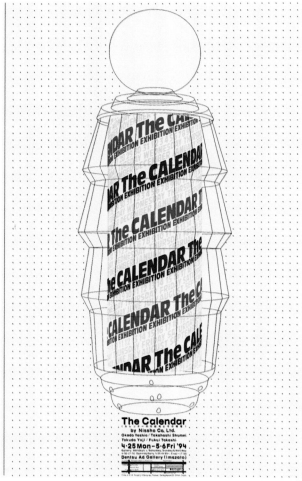

276

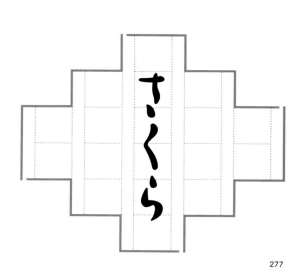

277

278

275	Calendar		276	Poster		277	Mark & Logotype		278	Mark & Logotype
TD.AD.D.C.	徳田祐司 Yuji Tokuda		TD.AD.D.C.	徳田祐司 Yuji Tokuda		TD.AD.D.	徳田祐司 Yuji Tokuda		TD.AD.D.	徳田祐司 Yuji Tokuda
CL.	日庄 Nissho		CL.	日庄 Nissho		CL.	日米物産 Nichibei Products Inc.		CL.	Three-i

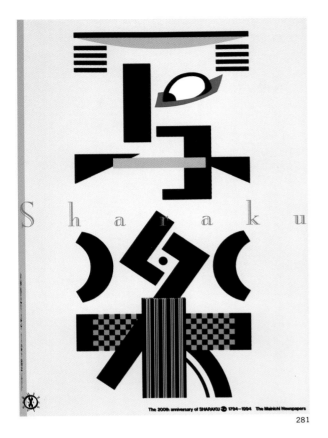

281

282

279

280

279	Mark & Logotype		280	Mark & Logotype		281	Poster		282	Poster
TD.AD.D.	徳田祐司　Yuji Tokuda		TD.AD.D.	徳田祐司　Yuji Tokuda		TD.AD.	中川憲造　Kenzo Nakagawa		TD.AD.D.	新家春二　Shunji Niinomi
CL.	日米物産		CL.	日米物産		D.	延山博保　Hiroyasu Nobuyama		CL.	中部クリエーターズクラブ
	Nichibei Products Inc.			Nichibei Products Inc.			森上　暁　Satoshi Morikami			Chubu Creators Club
						CL.	毎日新聞社			
							The Mainichi Newspapers			

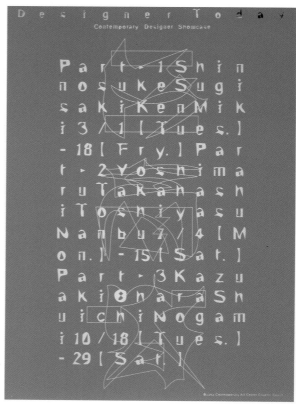

| Designer Today | Contemporary Designer Showcase | Part-1 Shinnosuke Sugisaki Ken Miki 3/1[Tues.]-18[Fri.] | Part-2 Yoshimaru Takahashi Toshiyasu Nanbu 7/4[Mon.]-16[Sat.] | Part-3 Kazuaki Ohara Shuichi Nogami 10/18[Tues.]-29[Sat.] |

Osaka Contemporary Art Center ·Graphic Space

| Designer Today | Contemporary Designer Showcase | Part-1 Shinnosuke Sugisaki Ken Miki 3/1[Tues.]-18[Fri.] | Part-2 Yoshimaru Takahashi Toshiyasu Nanbu 7/4[Mon.]-16[Sat.] | Part-3 Kazuaki Ohara Shuichi Nogami 10/18[Tues.]-29[Sat.] |

Osaka Contemporary Art Center ·Graphic Space

283　Poster
TD.AD.D.｜南部俊安　Toshiyasu Nanbu
CL.｜大阪府立現代美術センター
　　　Osaka Contemporary Art Center

284　Poster
TD.AD.D.｜南部俊安　Toshiyasu Nanbu
CL.｜大阪府立現代美術センター
　　　Osaka Contemporary Art Center

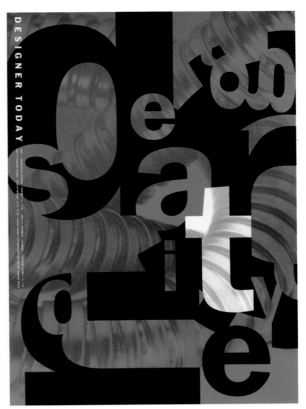

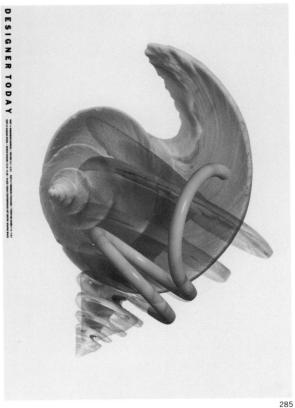

285

285　Poster
TD.AD.D.　野上周一　Shuichi Nogami
CL.　大阪府立現代美術センター
　　　Osaka Contemporary Art Center

Saddle
Cycles·Yokoo

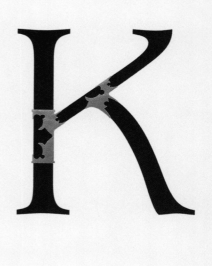

Frame
Cycles·Yokoo

Wheel
Cycles·Yokoo

Cycles·Yokoo

286 Poster
TD.AD.D. | 永井裕明 Hiroaki Nagai
D. | 飯田京子 Kyoko Iida
CL. | 横尾双輪館 Cycles Yokoo

Shop Support System
287

288

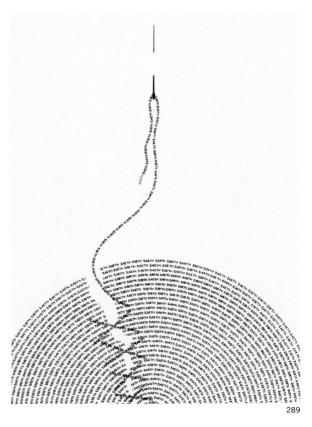

289

287 Small Graphic, Mark & Logotype
TD.AD.D. 長谷川羊介 Yosuke Hasegawa
CL. ㈱ソニー・ミュージックコミュニケーションズ
Sony Music Communications Inc.

288 Newspaper Ad.
TD.AD. 日高英輝 Eiki Hidaka
D. 御代田尚子 Naoko Miyoda
箱崎充男 Mitsuo Hakozaki
C. 佐々木 宏 Hiroshi Sasaki
新岡重智 Shigetomo Niioka
竹内のぶ緒 Nobuo Takeuchi
CL. 東海旅客鉄道㈱
Central Japan Railway Company

289 Poster
TD.AD.D. 平井圭一 Keiichi Hirai
Non-Commercial Work

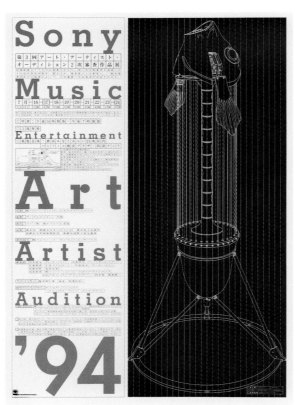

290-a

290-b

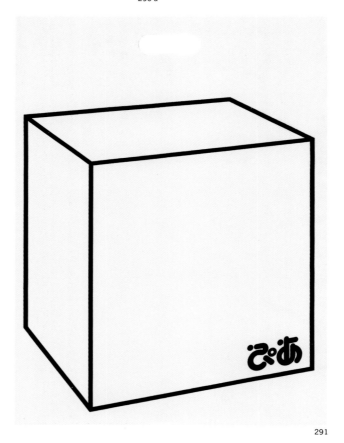

291

290-a Poster
TD.AD. 中村至男 Norio Nakamura
D. 渡部浩美 Hiromi Watanabe
CL. ㈱ソニー・ミュージック エンタテインメント
Sony Music Entertainment (Japan) Inc.

290-b Poster
TD.AD. 中村至男 Norio Nakamura
D. 渡部浩美 Hiromi Watanabe
P. 三橋 純 Jun Mitsuhashi
CL. ㈱ソニー・ミュージック エンタテインメント
Sony Music Entertainment (Japan) Inc.

291 Packaging
TD.AD. 中村至男 Norio Nakamura
CD. 原 秀樹 Hideki Hara
D. 渡部浩美 Hiromi Watanabe
CL. ぴあ㈱ PIA Corp.

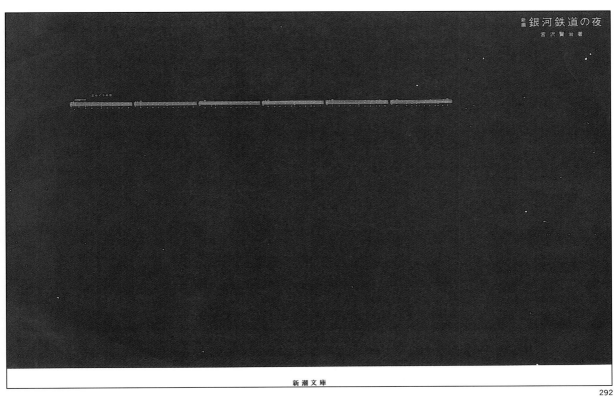

292　Newspaper Ad.
TD.AD.D.　中村至男　Norio Nakamura
CL.　新潮社　Shinchosha

293　Poster
TD.AD.D.　中村至男　Norio Nakamura
Non-Commercial Work

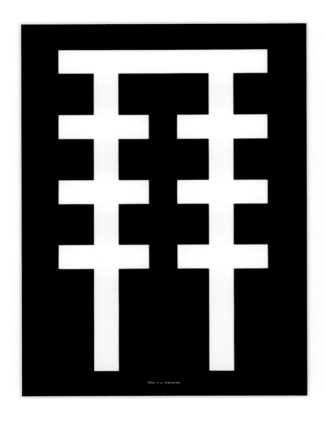

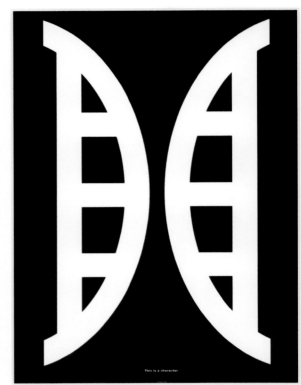

294

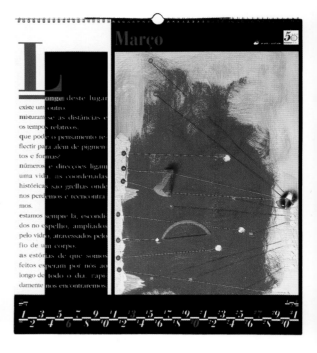

294   Poster
TD.AD.D. | Hong Siu Fan
| Non-Commercial Work

295   Calendar
TD.AD.D.C.A. | Gil Maia
CL. | Porto Editora Ldc

NYC

take
it
to
the
baj

Madd
Skill

212 575-Yoke

296

297

296 Poster
TD.D. | Imin Pao
AD. | John Jay
C. | Jimmy Smith
P. | John Huet
CL. | Nike

297 Poster
TD.D. | Imin Pao
AD. | John Jay
CL. | Nike

298

299

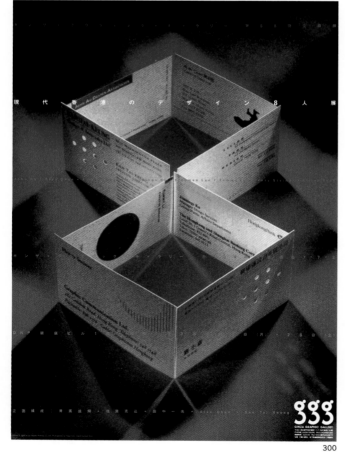

300

298   Packaging
TD.AD.D. | Alan Chan
D. | Phillip Leung
CL. | Mr Chan Tea Room Ltd.

299   Packaging
TD.AD.D. | Alan Chan
D. | Phillip Leung
D. | Peter Lo
CL. | Alan Chan Creations Ltd.

300   Poster
TD.AD.D. | Alan Chan
P. | Ringo Tang
CL. | Ginza Graphic Gallery

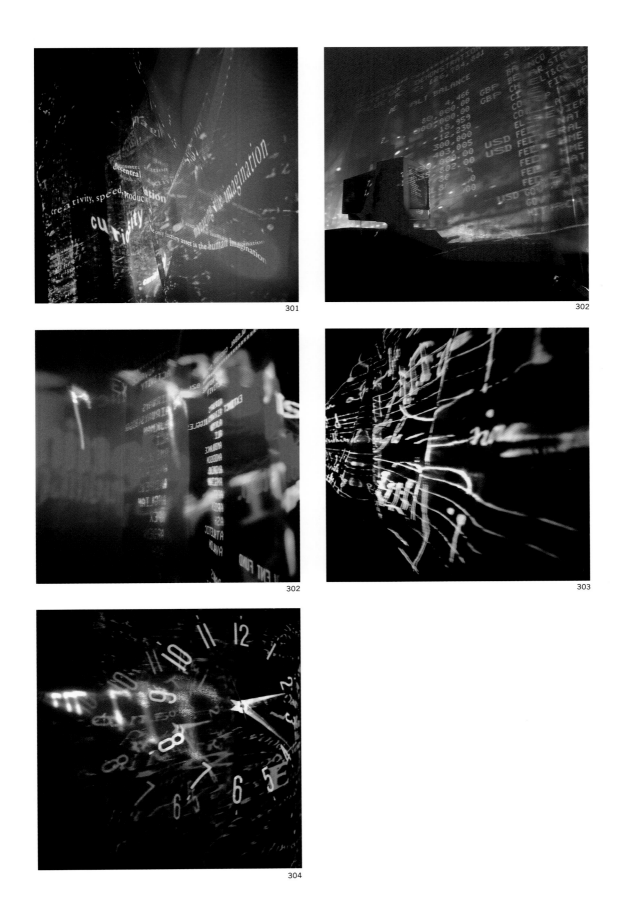

301	Photograph	302	Photograph	303	Photograph	304	Photograph
TD.A.	Thomas Gray	TD.A.	Thomas Gray	TD.A.	Thomas Gray	TD.A.	Thomas Gray
CL.	BBC for Business	CL.	Royal Bank of Scotland	CL.	Saatchi + Saatchi Advertising		Non-Commercial Work

305

306

307

305 Packaging
TD.AD.D. | Avital Kellner Gazit
CL. | Golan Heights Winery

306 Mark & Logotype
TD.AD.D. | Kan Tai-Keung
D. | Eddy Yu Chi Kong
Joyce Ho Ngai Sing
A. | Veronica Cheung Lai Sheung
CL. | Cheng Ming Ming's Beauty World Ltd.

307 Mark & Logotype
TD.AD.D. | Kan Tai-Keung
CL. | The Hua Shop

brandenburgische kunstsammlungen cottbus
museum für zeitgenössische kunst, fotografie, plakat
und design

shizuko yoshikawa

bilder   1976–1992
               und neue gouachen

ausstellung vom 07. 05. bis 26. 06. 1994

mit unterstützung der pro helvetia schweizer kulturstiftung

308

Euro pe
n y
s

VOTE ON REFERENDUM DAY   JUNE 5TH

309

archtype '1

310

308 Poster
TD.AD.D. | Josef Müller-Brockmann
CL. | Art Collections in Brandenburg, Cottbus
Museum for contemporary art,
photography and poster, Germany

309 Poster
TD.AD.D.A. | Paul Peter Piech
CL. | Bridgend Borough Council

310 Leaflet
TD.D. | David Quay
CL. | The Foundry

JAN BAKER • PAPER POEMS
TEXTILES • COLLAGES • BOWLS • BOOKS
UNIVERSITY ART GALLERY • UNIVERSITY
OF MASSACHUSETTS DARTMOUTH • 31 JANUARY
THRU 4 MARCH 1994 • OPENING CELEBRATION
SATURDAY 29 JANUARY • THREE TO FIVE PM

UNIVERSITY ART GALLERY
UNIVERSITY OF MASSACHUSETTS
DARTMOUTH • NORTH DARTMOUTH
MASSACHUSETTS • 02747
PHONE 508 • 999 • 8555 • HOURS
MONDAY THRU SATURDAY 1-5PM

311

accommodations

please cal
migis lodge
207-655-4524
for reservations & directio
by 1 may

rate
fifty dollars per person per
breakfast included

sunday lobster bake
twenty-five dollars per person

312

311 Card, Envelope
TD.AD.D.C.CL. | Jan Baker
TD.D. | Anita Mayer

312 Wedding Invitation
TD.AD.D. | Anita Meyer
D. | Jan Baker
C.A. | N/A
CL. | plus design inc.

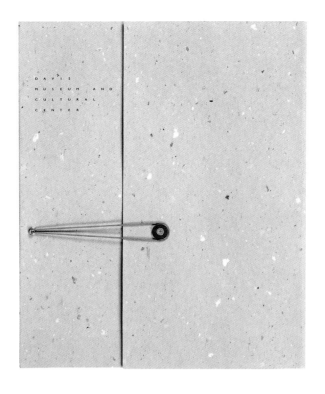

DAVIS
MUSEUM AND
CULTURAL
CENTER

Wellesley College 106 Central Street Wellesley Massachusetts 02181-8257 telephone 617-283-2051 telefax 617-283-2064

313

314

313   Stationery
TD.AD.D. | Anita Meyer
TD.D. | Matthew   Monk
C.A. | N/A
CL. | Davis Museum + CulturaL Center

314   Book
TD.AD.D. | Anita Meyer
C.ED. | Rafael Viñoly
 | Jay Bargmann
 | Jonathan Schloss
A. | N/A
CL. | Rafael Viñoly Architects

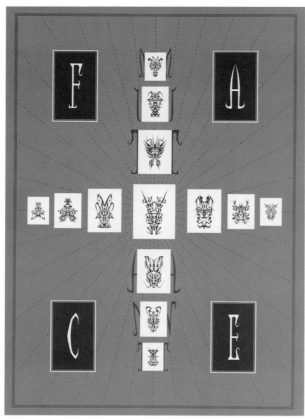

315

316

This symbol is the healer who dwells in your heart.
You are not alone-still, you may sometimes feel a little uneasy.
The healer grants you your innermost wish, never to be isolated and alone.
At night he slips from your heart into your dreams,
where he creates encounters for you with friends and the people you love.

PICOLA

MO·NO·LAA

The eagle soars freely in the sky. In American Indian beliefs,
eagles are symbols of a free, courageous spirit.
This symbol, which takes its motif from the eagle feather,
will fulfill your heart's yearning for travel.
It encompasses the power to go to places you want to
see and calls forth encounters with the unknown.

WANBOO

MO·NO·LAA

317

315 Poster
TD.AD.D.C.A.CL. 平田真市郎 Shinichiro Hirata
Non-Commercial Work

316 Magazine Ad.
TD.D.A. 土屋孝元 Takayoshi Tsuchiya
CL. Yoshiyuki Konishi

317 Mark & Logotype
TD.AD. 平田憲彦 Norihiko Hirata
D. 石田 豊 Yutaka Ishida
石渡佳衣 Kae Ishiwata
CL. ㈱鈴屋 Suzuya Co., Ltd.

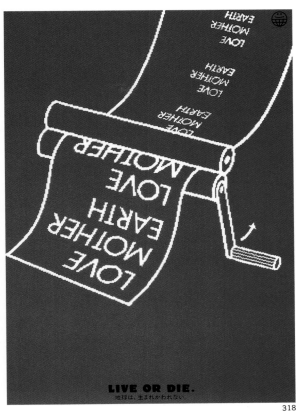

318

319

318 Poster
TD.AD.D. | 福島 治 Osamu Fukushima
C. | Bob Ward
P. | 水谷 充 Mitsuru Mizutani
CL. | スーパーデザインニング事務局 NEST
The Secretariat Super Designs NEST Co.,Ltd.

319 Book
TD.AD.D. | 羽良多平吉 Heiquichi Harata
CL. | 芸術新聞社 Geijutsushinbunsha

320

321

322

320 Experimental Work
TD.AD.D. 牧田　健　Ken Makita
Non-Commercial Work

321 Experimental Work
TD.AD.D. 牧田　健　Ken Makita
Non-Commercial Work

322 Newspaper Ad.
TD.AD.D. 平林奈緒美　Naomi Hirabayashi
CD. 中山禮吉　Reikichi Nakayama
C. 当流谷慎一　Shinichi Toryudani
CL. ㈱資生堂　Shiseido Co.,Ltd.

THERE IS
NO LIFE
WITHOUT
MEANING

THERE IS
NO LIFE
WITHOUT
MEANING

323

324

323 Poster
TD.AD.D.C.A. 平野敬子 Keiko Hirano
CL. 日本デザインコミッティー
Japan Design Committee

324 Book
TD.AD.D.A. 平野敬子 Keiko Hirano
CL. ㈱竹尾 Takeo Co., Ltd.

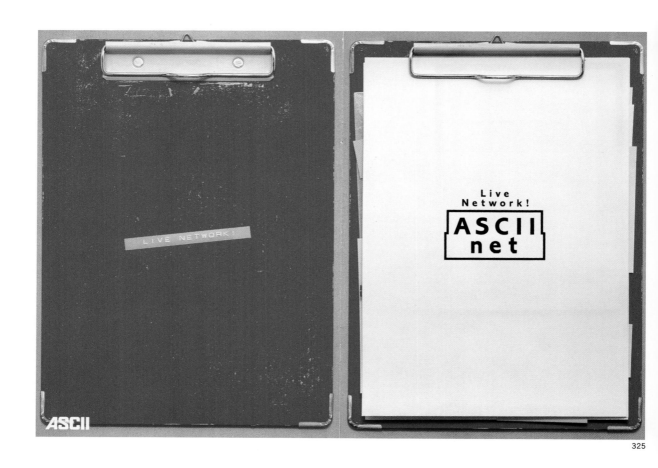

Live
Network!
ASCII
net

ASCII

325

Exciting
Theatre
Project
Takes
Shape!

326

COCORICO

327

325　Pamphlet
TD.AD.D. | 服部一成　Kazunari Hattori
P. | 久恒唯子　Yuiko Hisatsune
CL. | ㈱アスキー　ASCII Corp.

326　Mark & Logotype
TD.AD.D. | 服部一成　Kazunari Hattori
CL. | ㈱サードステージ　Third Stage

327　Mark & Logotype
TD.AD.D. | 服部一成　Kazunari Hattori
| Non-Commercial Work

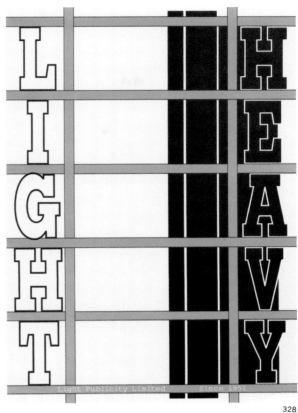

328

329

330

328 Small Graphic
TD.AD.D. 服部一成　Kazunari Hattori
CL. ㈱ライトパブリシティ
Light Publicity Ltd.

329 Mark & Logotype
TD.AD.D. 服部一成　Kazunari Hattori
CL. ビートニック・ダンス・スタジオ
Beatnik Dance Studio

330 Mark & Logotype
TD.AD.D. 服部一成　Kazunari Hattori
CL. ㈱ヴェルデ　VERDE Co., Ltd.

331

332

333

331 Poster
TD.AD.D. 東泉一郎 Ichiro Higashiizumi
D. 竹内恵美 Megumi Takeuchi
P. 伊島 薫 Kaoru Ijima
CL. 日本コロムビア㈱
Nippon Columbia Co.,Ltd.

332 Poster
TD.AD.D. 東泉一郎 Ichiro Higashiizumi
C.A. 藤幡正樹 Masaki Fujihata
CL. 日本電信電話㈱
Nippon Telegraph and Telephone Corp.

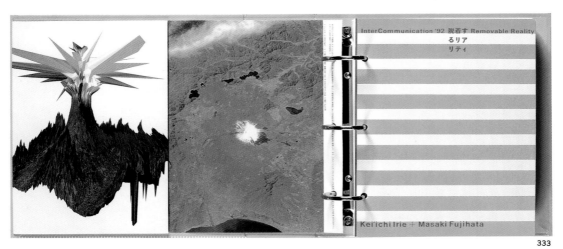

333

334

333 Poster, Work Book
TD.AD.D. | 東泉一郎　Ichiro Higashiizumi
C.A. | 藤幡正樹　Masaki Fujihata
入江経一　Keiichi Irie
CL. | 日本電信電話㈱
Nippon Telegraph and telephone Corp.

334 Editorial Design
TD.AD.D. | 東泉一郎　Ichiro Higashiizumi
CL. | Timing-O

335

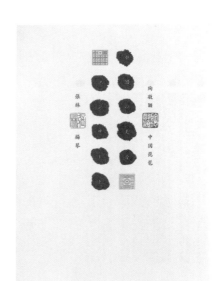

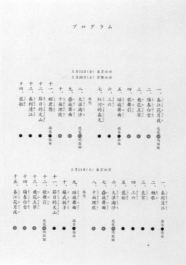

336

335　Packaging
TD.AD.D.　本田宏一　Koichi Honda
CA.　梁　悦　Etsu Ryo
CL.　㈱ソニー・ミュージック エンタテイメント
　　　Sony Music Entertainment (Japan) Inc.

336　Pamphlet
TD.AD.D.　本田宏一　Koichi Honda
CA.　梁　悦　Etsu Ryo
CL.　㈱ソニー・ミュージック エンタテイメント
　　　Sony Music Entertainment (Japan) Inc.

337

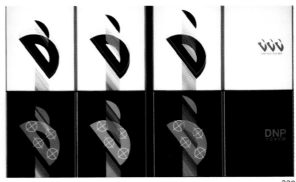

339

338

337 Poster
TD.AD.D. 松井桂三　Keizo Matsui
D. 荒木優子　Yuko Araki
CL. 大日本印刷 DDDギャラリー
Dai-Nippon Printing DDD Gallery

338 Newspaper Ad.
TD.AD. 松井桂三　Keizo Matsui
D. 荒木優子　Yuko Araki
C. 多田伸一　Shinichi Tada
CL. ㈱コムテックス　Comtecs Co.,Ltd.

339 Sign & Display
TD.AD. 松井桂三　Keizo Matsui
D. 荒木優子　Yuko Araki
CL. 大日本印刷 DDDギャラリー
Dai-Nippon Printing DDD Gallery

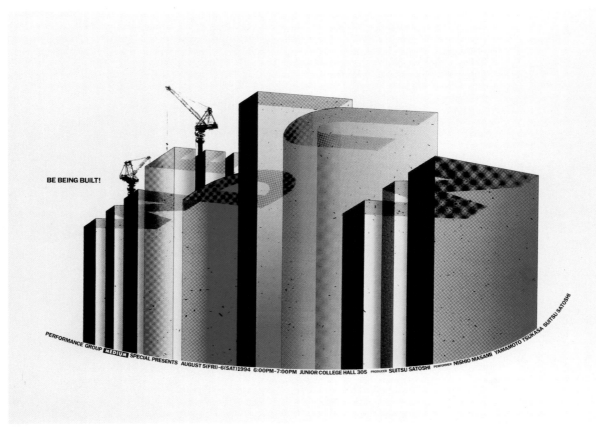

340

341

340 Poster
TD.AD.D. | 森田利彦　Toshihiko Morita
| Non-Commercial Work

341 Poster
TD.AD.D. | 森田利彦　Toshihiko Morita
| Non-Commercial Work

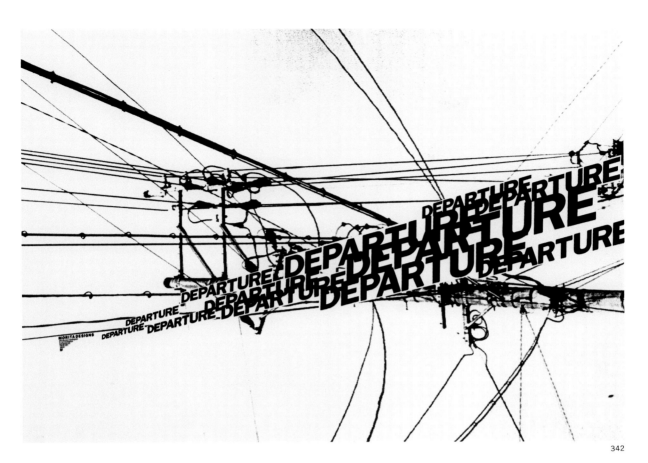

342

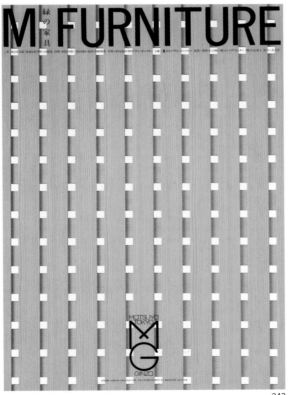

343

342 Poster
TD.AD.D. | 森田利彦 Toshihiko Morita
P. | 渡辺清子 Kiyoko Watanabe
Non-Commercial Work

343 Poster
TD.AD. | 水野皓司 Koji Mizuno
D. | 久留一郎 Ichiro Kutome
C. | 中野　秀 Hide Nakano
A.CL. | 三井　緑 Midori Mitsui

Tap the power of the design machine

its metamechanical hands do not tire

344

344　Catalogue
TD.AD.D.C.A. | ジョン前田　John Maeda
CL. | ㈶国際メディア研究財団
International Media Research Foundation
AXIS Gallery ANNEX

345

346

345 Book
TD.AD. 三谷一郎　Ichiro Mitani
D. 中村陽子　Yoko Nakamura
P. 田中学而　Gakuji Tanaka
CL. 鈴木五郎　Goro Suzuki

346 Mark & Logotype
TD.AD.D. 安江　勉　Tsutomu Yasue
CL. 美蕾樹　Mirage

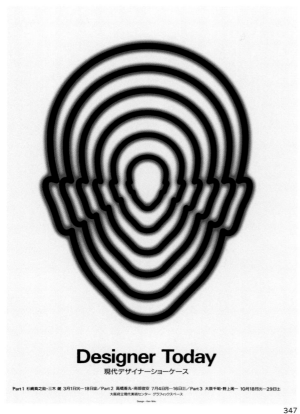

347

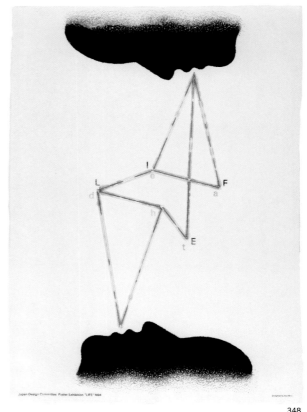

348

349

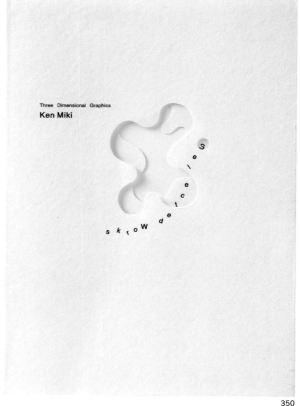

350

347 Poster
TD.AD.D. 三木 健 Ken Miki
CL. 大阪府立現代美術センター
Osaka Contemporary Art Center

348 Poster
TD.AD.D. 三木 健 Ken Miki
CL. 日本デザインコミッティー
Japan Design Committee

349 Poster
TD.AD.D. 三木 健 Ken Miki
D. 大崎淳治 Junji Osaki
CL. 大日本印刷㈱
Dai Nippon Printing Co., Ltd.

350 Book
TD.AD.D. 三木 健 Ken Miki
D. 大崎淳治 Junji Oasaki
CL. 三木健デザイン事務所
Ken Miki & Associates

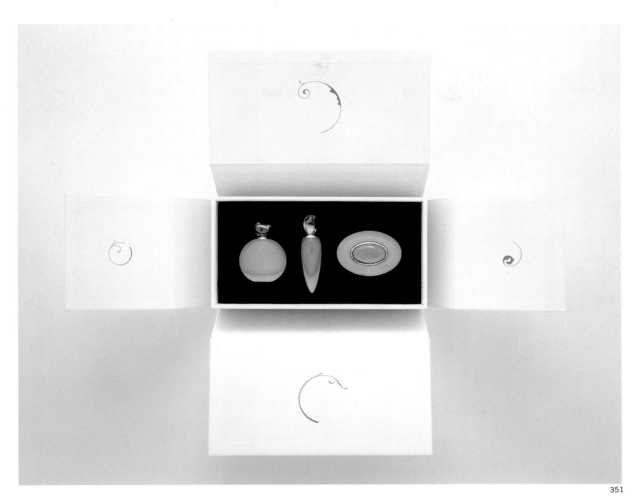

351

351

352

351　Packaging
TD.AD.D.　三木　健　Ken Miki
　　　D.　大崎淳治　Junji Osaki
　　　　　酒井田成之　Shigeyuki Sakaida
　　　C.　坂本純子　Junko Sakamoto
　　　P.　石渡洋人　Hiroto Ishiwata
　　　　　玉本恵則　Shigenori Tamamoto
　　　CL.　マリアンボレ㈱　Mariannebolle Inc.

352　Card
TD.AD.D.　三木　健　Ken Miki
　　　CL.　㈱フェリシモ　Felissimo Corp.

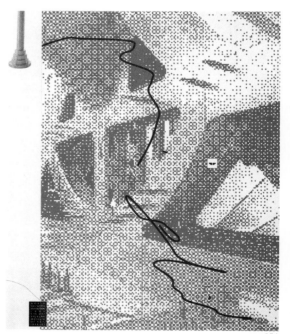

353

354

353 Poster
TD.AD.D. 守先　正　Tadashi Morisaki
D. 山本政幸　Masayuki Yamamoto
原　忠信　Tadanobu Hara
P. 斎藤さだむ　Sadamu Saito
A. 篠田守男　Morio Shinoda
CL. 茨城県つくば美術館
Tsukuba Museum of Art, Ibaraki

354 Book
TD.AD.D. 守先　正　Tadashi Morisaki
D. 山本政幸　Masayuki Yamamoto
原　忠信　Tadanobu Hara
P. 斎藤さだむ　Sadamu Saito
高橋和海　Kazuumi Takahashi
A. 篠田守男　Morio Shinoda
CL. 茨城県つくば美術館
Tsukuba Museum of Art, Ibaraki

The Japan Marrow Donor
Foundation

Shinjuku Ogawa Bldg. 4th Floor 1-4-8.
Shinjuku, Shinjuku-ku, Tokyo 160. Japan

Telephone 81-3-3355-5041
Facsimile 81-3-3355-5090

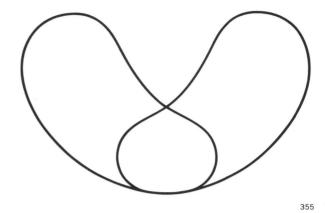

355

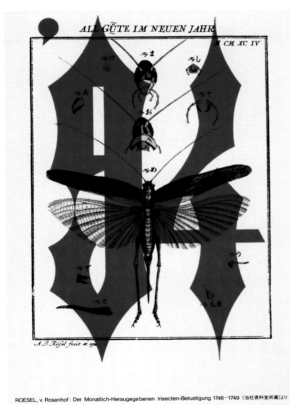

ROESEL, v. Rosenhof : Der Monatlich-Heraugegebenen Insecten-Belustigung 1746~1749 （当社資料室所蔵）より

356

357

355 Letterhead, Mark & Logotype
TD.AD.D. 原　紀子　Noriko Hara
D. 原田廉太郎　Rentaro Harada
CL. ㈶骨髄移植推進財団
The Japan Marrow Donor Foundation

356 New Year Card
TD.AD.D. 山内浩史　Hiroshi Yamauchi
CL. ㈲山内浩史デザイン室
Hiroshi Yamauchi Design Office Co., Ltd.

357 Experimental Work
TD.D. 山内宏一郎　Kohichiro Yamauchi
Non-Commercial Work

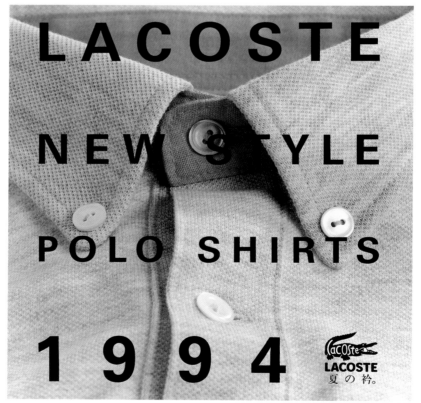

358

358 Poster
TD.AD. 宮田 識 Satoru Miyata
D. 渡邊良重 Yoshie Watanabe
久保 悟 Satoru Kubo
C. 広瀬正明 Masaaki Hirose
加藤麻司 Asaji Kato
P. 藤牧 功 Koh Fujimaki
CL. ㈱大沢商会 J. Osawa & Co.,Ltd.

PRGR

PRGR GOLFWEAR MAIL ORDER CATALOG
プロギア メイルオーダー カタログ

359 Catalogue
TD.AD. 宮田 識　Satoru Miyata
D. 日高英輝　Eiki Hidaka
箱崎充男　Mitsuo Hakozaki
C. 西村佳也　Yoshinari Nishimura
P. 黒川隆広　Takahiro Kurokawa
CL. 横浜ゴム㈱　The Yokohama Rubber Co.

心から笑おう。

361

360

362

THE 12TH
LUMINE FASHION DESIGN
GRAND PRIX

363

360	Poster		361	Calendar		362	Packaging		363	Mark & Logotype
TD.AD.D.	八木健夫　Tateo Yagi		TD.AD.D.	八木健夫　Tateo Yagi		TD.AD.D.	八木健夫　Tateo Yagi		TD.AD.D.	八木健夫　Tateo Yagi
CL.	日本タイポグラフィ協会		CL.	㈱オフィス・ピーアンドシー		CL.	㈱ルミネ大宮店　Lumine Omiya Inc.		CL.	㈱ルミネ　Lumine Inc.
	Japan Typography Association			Office P & C Inc.					

364

365

THE SMITHSONIAN COLLECTION OF
GEMS & MINERALS

366

367

364 Poster
TD.AD.D.A. ユウ北川　You Kitagawa
CL. 日本デザインコミッティー
Japan Design Committee

365 Stationery
TD.AD.D.A. ユウ北川　You Kitagawa
CL. プレビ㈱　PLABI Corp.

366 Mark & Logotype
TD.AD.D. 山本哲次　Tetsuji Yamamoto
CL. スミソニアン協会
Smithsonian Association
㈳フロンティア協会
Frontier Association

367 Mark & Logotype
TD.AD.D. 世永逸彦　Hayahiko Yonaga
C. 松本 修　Osamu Matsumoto
CL. こどもの城 劇場事業本部
Child Welfare Foundation of
Japan MODE

NUCLEAR LIFE.

368

We

369

Hair Craft Ryu
Hair Clinic Salon

370

NOGAMI
NOBUKO

371

372

368 Small Graphic
TD.AD.D. 渡辺英雄 Hideo Watanabe
Non-Commercial Work

369 Small Graphic
TD.AD.D. 渡辺英雄 Hideo Watanabe
CL. ライトパブリシティ
Light Publicity

370 Mark & Logotype
TD.AD.D. 渡辺英雄 Hideo Watanabe
CL. Hair Craft Ryu

371 Mark & Logotype
TD.AD.D. 渡辺英雄 Hideo Watanabe
CL. 野上信子 Nobuko Nogami

JOYEUX NOËL LACOSTE

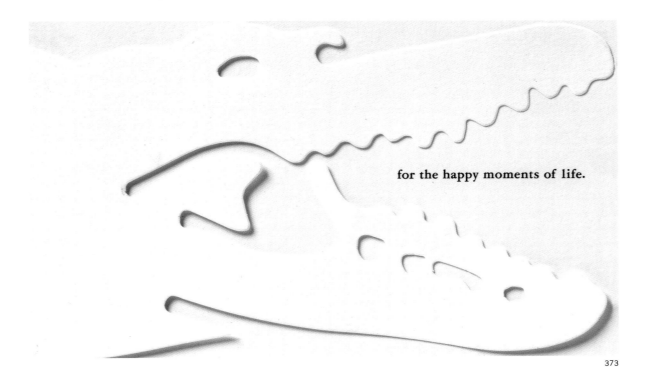

for the happy moments of life.

373

372 Mark & Logotype
TD.AD.D. 渡辺英雄 Hideo Watanabe
CL. Poison

373 Card, Packaging
TD.AD. 渡邉良重 Yoshie Watanabe
D. 久保 悟 Satoru Kubo
CL. ㈱大沢商会 J. Osawa & Co., Ltd.

特集４．TOKYO TDC会員による扇子の競作
Paper Fans Created by TDC Members

第６回東京ＴＤＣ展において、会員による扇子の競作展を行った。オフセット、シルクスクリーン、絵画や書など。各々の手法で扇子用の和紙にデザインがほどこされ、展示は好評を得た。その後作品は、京都の職人が手作業で折り、骨を入れ込み、ここに紹介するような素晴らしい扇子ができあがった。希望者に販売された扇子の売上金はロンドンに設立される「タイプミュージアム」の基金となる。

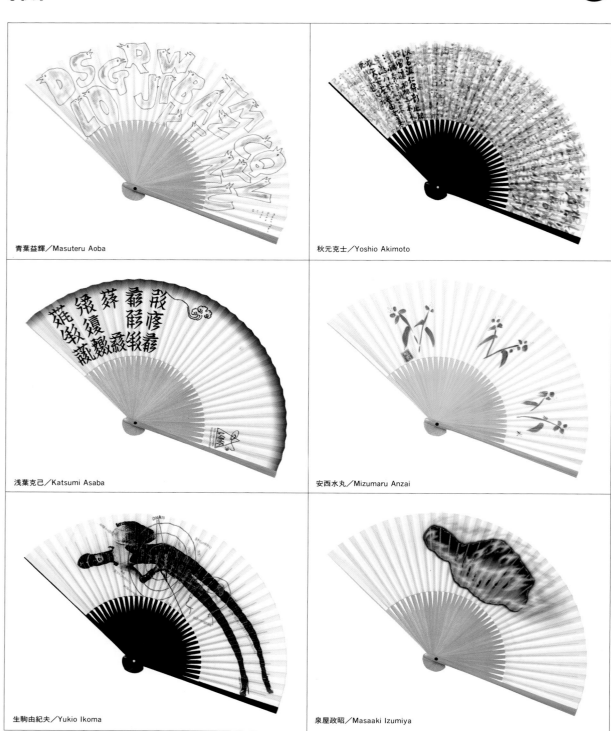

青葉益輝／Masuteru Aoba

秋元克士／Yoshio Akimoto

浅葉克己／Katsumi Asaba

安西水丸／Mizumaru Anzai

生駒由紀夫／Yukio Ikoma

泉屋政昭／Masaaki Izumiya

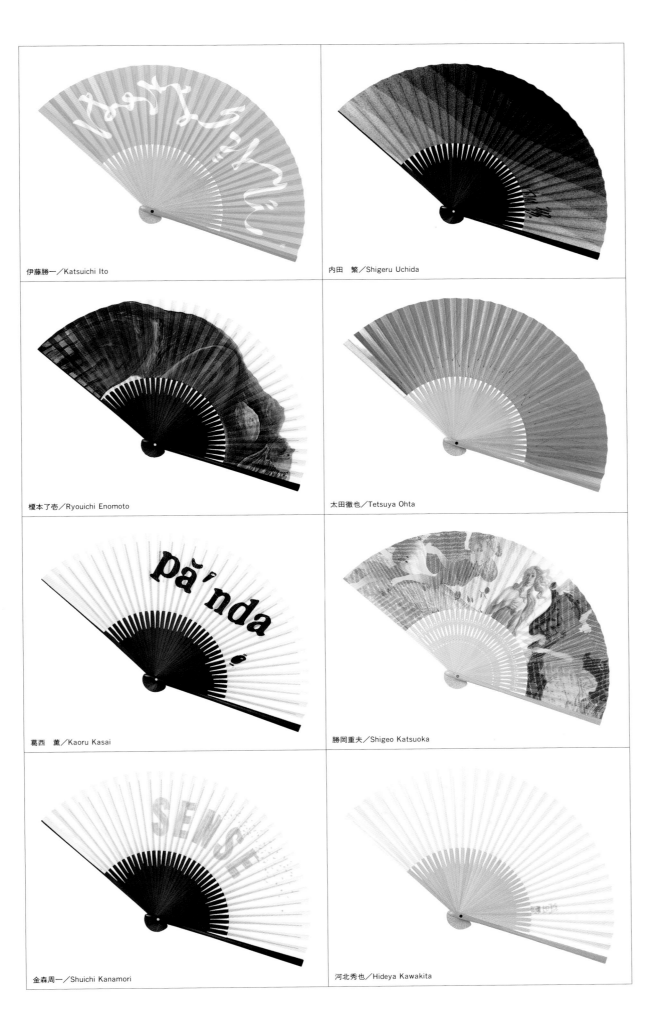

伊藤勝一／Katsuichi Ito

内田　繁／Shigeru Uchida

榎本了壱／Ryouichi Enomoto

太田徹也／Tetsuya Ohta

葛西　薫／Kaoru Kasai

勝岡重夫／Shigeo Katsuoka

金森周一／Shuichi Kanamori

河北秀也／Hideya Kawakita

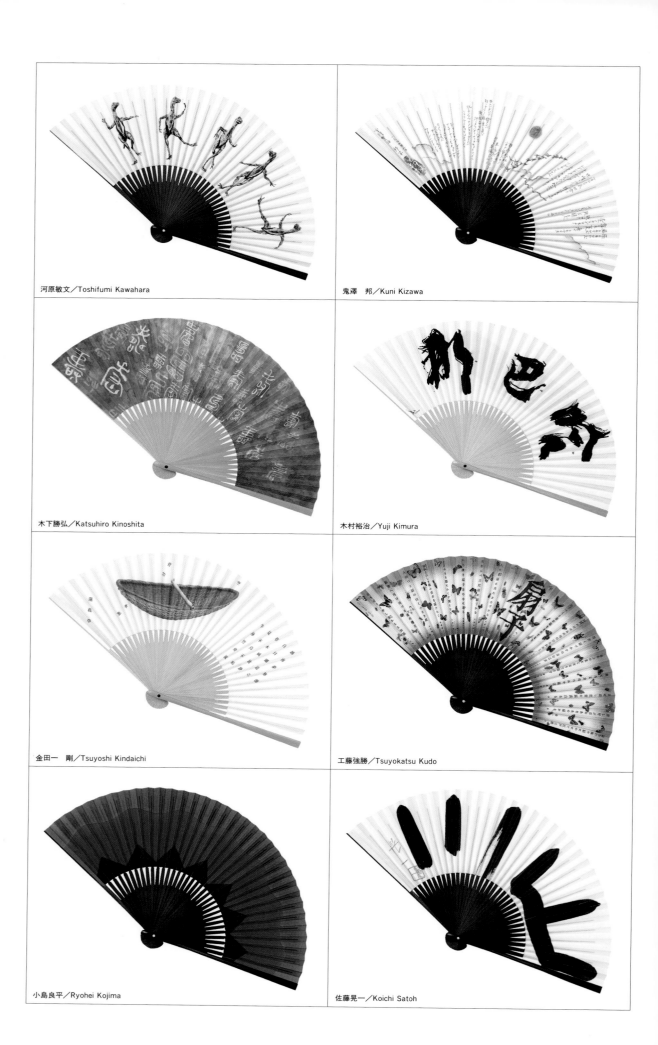

河原敏文／Toshifumi Kawahara

鬼澤　邦／Kuni Kizawa

木下勝弘／Katsuhiro Kinoshita

木村裕治／Yuji Kimura

金田一　剛／Tsuyoshi Kindaichi

工藤強勝／Tsuyokatsu Kudo

小島良平／Ryohei Kojima

佐藤晃一／Koichi Satoh

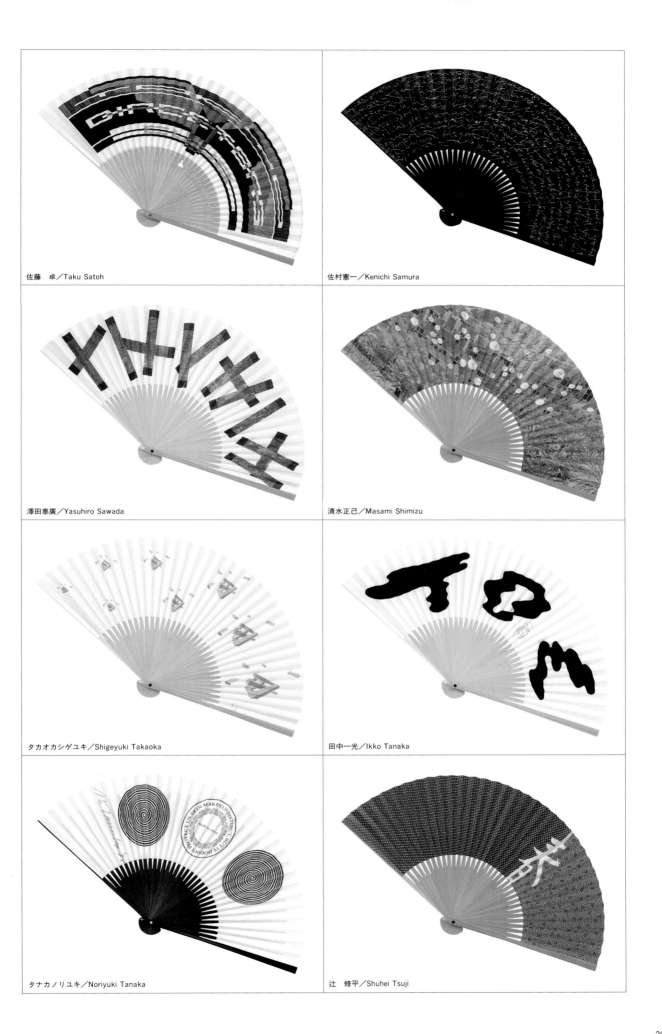

佐藤　卓／Taku Satoh

佐村憲一／Kenichi Samura

澤田泰廣／Yasuhiro Sawada

清水正己／Masami Shimizu

タカオカシゲユキ／Shigeyuki Takaoka

田中一光／Ikko Tanaka

タナカノリユキ／Noriyuki Tanaka

辻　修平／Shuhei Tsuji

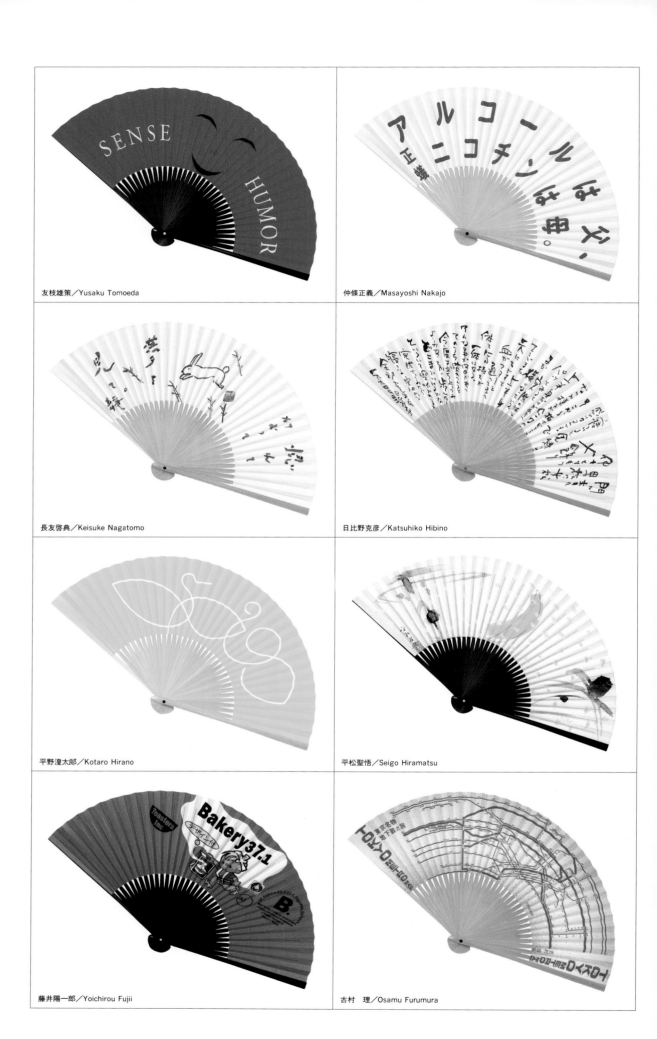

友枝雄策／Yusaku Tomoeda

仲條正義／Masayoshi Nakajo

長友啓典／Keisuke Nagatomo

日比野克彦／Katsuhiko Hibino

平野湟太郎／Kotaro Hirano

平松聖悟／Seigo Hiramatsu

藤井陽一郎／Yoichirou Fujii

古村 理／Osamu Furumura

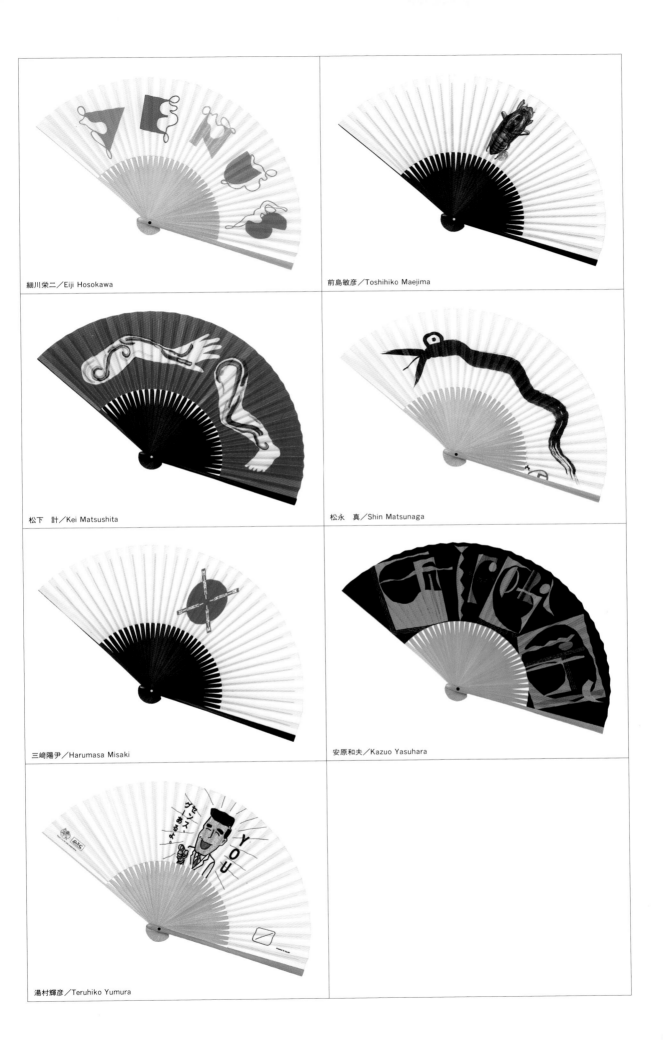

細川栄二／Eiji Hosokawa

前島敏彦／Toshihiko Maejima

松下 計／Kei Matsushita

松永 真／Shin Matsunaga

三﨑陽尹／Harumasa Misaki

安原和夫／Kazuo Yasuhara

湯村輝彦／Teruhiko Yumura

Reactive Graphics No.1 (1994)   Reactive Graphics No.2 (1994)   Reactive Graphics No.3 (1995)

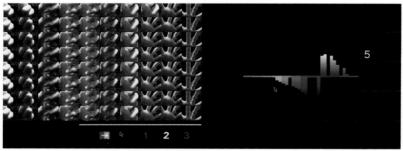

Reactive Graphics No.4 (1995)   Reactive Graphics No.5 (1995)

Color Typewriter (1995)

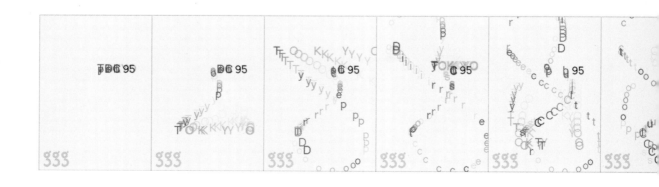

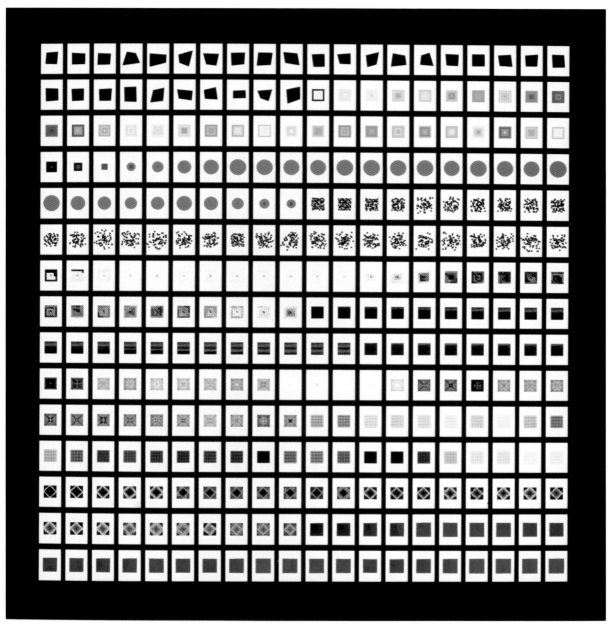

Reactive Square (1995)

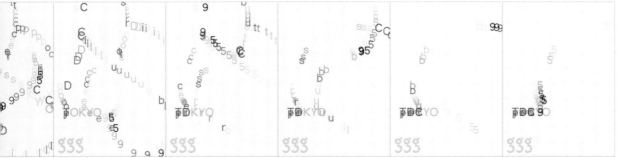

TDC '95 Interactive Poster (1995)

紙の上に一滴のインクを置いたら最後、消し去れない。
——これが印刷メディアの宿命である。ミスが記されてし
まったら、"Undo"(取消)が効かないのだ。もちろん全く不
可能というわけではないが、時間的、経済的リスクがつき
まとう。それが故にデザイナーは、文字やイメージを描く
際、磨き備えた技を精一杯集中させ、紙に向かう。

ところがコンピュータの画面上では、いかなる描画行為
も即座に取消しや、やり直しが可能である。必然的に、不
用意な誤りを平気でするようになる。コンピュータの中で
試行錯誤しながらデザインができあがっていく、とも言え
る。頭の中で何度もスケッチを描き、周到にプランをする
というデザイン作法を教えられ実践してきたデザイナーた
ちはおそらく、このようなデザイン作業の流行の兆しを嘆
くことだろう。ひょっとすると"いんちき"な行為としか
写らないのではないか。

そんなことはおかまいなしに、コンピュータは印刷技術
のあらゆる場面に侵入し続けている。グラフィックデザイ
ナーはそれぞれのデザイン作業にコンピュータを何かしら
取り込んで、多少なりともその"いんちき"を許容しなけ
れば生き残れなくなってしまうのだろうか。

研究の原点。

15年ほど前、13歳の時に、両親がコンピュータを買い与
えてくれた。それ以来、紙や鉛筆に取って代わって、デジ
タルの世界でのレタリングや描画が趣味となった。なぜコ
ンピュータに乗り換えたのか、深い理由があったかどうか
思い出せない。小さい頃から私は絵を描いたり、紙を切っ
たり貼ったりする図画工作が大好きだった。やたらに紙を
無駄使いすると両親によく叱られていたから、そんなこと
が理由だったのだろう。コンピュータ画面に絵を描くため
に、当時手に入ったペイントツールに飽き足らずに、独学
でプログラミングを学んでは、次々と自分用のプログラム
を作ることに夢中になった。この趣味は、マサチューセッ
ツ工科大学(MIT)に進学して最新のコンピュータ上に引
き継がれ、フォントやカラーの機能を備えたツール作りへ
と成長していった。今にして思うと、その頃私が作ってい
たものは、PhotoshopやIllustrator、Pagemakerに発展
していくようなものだった。

大学院に進むと、ビジュアルコミュニケーションの中の
自分の位置を定めるために、技術のフィールドの外に目を
向けはじめた。MITの建築学科の図書館に通う日々が続
いた。そんなある日、一冊の本に出会ったのだ。ポール・ラ
ンドの『A Designer's Art』である。その中で私は、いかに
二次元の世界でデザイナーたちが力を発揮しているのかを

1992
Design & Epistemology Group Communication System
DM & Pamphlet
コンピュータによるデザイン手法の基本アイディアを練っていた頃の作品。デ
ザインをシンプルな要素に分解し、柔軟に再構成することを考えていた。たと
えて言えば、中国伝来のパズル、タングラムのようなものである。

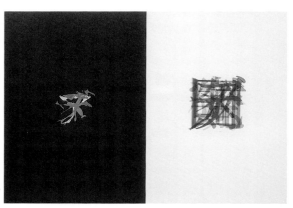

1992
Foundation Communication System
Folder, C.I.
所属する国際メディア研究財団のコミュニケーション・ツール・デザインにあた
り、専用のコンピュータ・プログラムを設計・作成した。字体の自動変形機能と
レイヤーによる重ね合わせ機能を有する自作ツールでフォルダーのイメージを
デザインした。

知り、そして初めて、自分が目指しているものが"グラフィックデザイン"であることを認識した。

　私はすぐさまコンピュータを離れ、コンピュータ画面に専ら向けられていた技能のトレーニングを紙の上に移した。二次元のデザインに熱中し、グラフィックデザイナーに出会う度に多くのことを教わった。同世代の仲間と同じレベルのデザインワークがこなせるようになると、最もむずかしそうな伝統的なタイポグラフィに身を捧げようと考えた。その矢先、師と仰ぐ人より一言の忠告をいただいた。曰く、「古典には老いてから取り組め、若きは新しい課題に挑戦せよ。」

　私は、デザインとコンピュータプログラミングの経験双方を活かした実験をはじめることにした。これが現在の私の研究の原点である。

<u>研究の変遷。</u>

　私の研究の現在の関心は、コンピュータとグラフィックデザインの係わり方の原理、原則を見出すことにある。この研究をはじめた頃には、私の役割とはコンピュータというプログラムできるインクを武器として、それまでの"良きデザイン"というものの常識を打ち壊すことにあると考えていた。

　そんな目標を密かに胸に抱き、1993年から94年の初めにかけて『Design Machines』と名付けた実験を展開した。グラフィックデザインは複雑なものに向かっている。より複雑なものを産み出すには時間がかかる。デザイン効率を上げることが、複雑なグラフィックスを作成する時間を短縮することにつながると考えた。これこそが人間の手作業では作成困難な、コンピュータでこそ実現できる新しいコンセプトに成り得るのではないか——。私は、複雑極まりない一連のデジタルイラストレイションを産み出すプログラムを書いたのである。

　結果は、うまく説明できなかったが、何か方向が違っているように思えた。幸運にも、この時もまた、建設的な忠告をしてくださる師がいた。伝統派に属するある研究者が言うのに「派手なタイポグラフィが、必ずしも良いタイポグラフィではない。」

　私はこの言葉のもつ意味を深く読み取ろうとした。そして、もう一度デザインの歴史を学び直し、どこで道を間違えたのかを考え続けた。まもなく、次のようなことにいきあたった。「私は"新しさ"を性急に求めたために、デザインの鍵とは、人を驚かせるようなイメージや手際良い手作業といったものにあると勘違いしていた。人を感動させられる明快なビジュアルコミュニケーションを忘れていたの

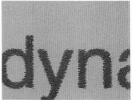

1993
Dynamic Form
Book
この本では、ブロックを組み合わせてコンピュータ・プログラムを組むという新しい計算法の在り方を提案した。本の表紙に見える Helvetica 書体の 'dynamic' という語は、4 ポイントの Helvetica 書体の語 'dynamic' 一万個で構成した。

1993
Human-Powered Computing Experiment
Pamphlet
コンピュータの基本的な部品構成と機能を学ぶため、奈良県ネオミュージアムに、甲南女子大学の学生達が自ら巨大な人力コンピュータを構築した。デザインの分野でコンピュータがもっと力が発揮できるはずだということを確信した。

Design Machines Exhibition at AXIS Gallery ANNEX

だ」と。

　以来、視覚的"複雑さ"なら容易に紡ぎだせるコンピュータを抱えながら、あえて視覚的な"明晰さ"を求めて研究を続けている。そしてようやく最近、見かけはシンプルだが、超複雑な世界を描くデジタルグラフィックスを作れるようになった。これは、とぎれることなく永遠に、しかも常に変わり続けるグラフィックスをコンピュータ画面に表示するプログラムで実現されている。一見、抽象的なコンピュータグラフィックスのアニメーションのフォルムだが、このフォルムが、マウスやキーボード、マイクロフォンを通してコンピュータの使い手の動きに反応するところが特徴である。

　このようなグラフィック・フォルムを、リアクティヴグラフィックスの No.1からNo.5という作品名で発表してきた。これら"リアクティヴ"なグラフィックスの意味は、作家である私自身が反応の仕方を定め、コンピュータの使い手＝ユーザーの命令にしたがってインクが自由に動き回り、色を変えるフォルムを描いたというものだ。その最新作が『リアクティヴスクェア』。一つの正方形を主題とし、音に反応して10のバリエーションを産み出すフォルムのデザインである。

研究の姿勢。

　今日"デザイン実験"という言葉を聞けば、普通ひどく判読しがたいものが連想されるだろう。しかし、子供でさえ"I am here"とギル・サンズ書体で文字打ちできる時代である。多くのデザイナーがコンピュータをはじめ、コピー機やファックスマシーンを駆使して突っ走っても、何ら不思議なことではない。しかし歴史を重んじるデザイナーの多くが指摘するように、最先端のデジタルデザインワークは今世紀の初めごろに存在していたフューチャリスト・コラージュやダダイスト・タイポグラフィの未熟なまねにすぎない。

　デザインの進歩とは常に、従来の常識や手法の破壊と再構築を伴いながら突き進む活力によって成される。しかし、若きデザイナーたちが、"真の"様式確立に向けて次々と挑戦していかない限り、デジタルグラフィックデザインの商業的宣伝の煙にまかれて、結局のところ、伝統的な手法を越えられずに後戻りしてしまうことは想像にかたくない。今、私たちが立ち止まっては、あるいは後戻りしてしまうようでは、先人たちの苦労が報われない。デザイナーの役目とはその先に何があるかを見通し、怖がらずにその将来に立ち向かって自ら築いていくことであると、私は常々自分に言い聞かせている。

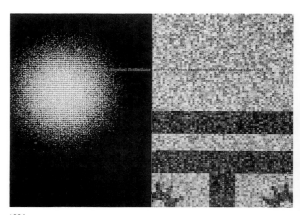

1994
Design Machines Exhibition at AXIS Gallery ANNEX
DM & Catalog
コンピュータとデザインの係わりを明快に示す必要性を感じ、個展を開催することにした。ポストスクリプト技術を利用して、手作業では実現不可能な複雑なイラスト作品を生み出すプログラムを十数個開発・作成した。

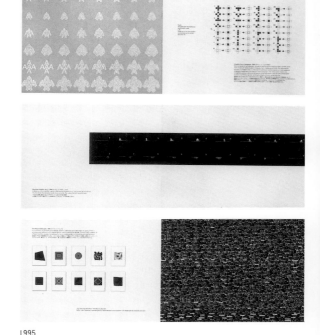

1995
Metadesign Forum Exhibition at AXIS Gallery
DM, Catalog & Software Graphic
カラーグラデーションやビデオ入力イメージによって、リアクティヴなグラフィックを身近に体験できるReactive Graphics No.3からNo.5の三作品の紹介。

私は少年期の大部分を、大工であった祖父と、板前、ついで豆腐作りの職人となった父の、有無を言わせぬ見習い修業で過ごした。そこで私は物作りの何たるかを学んだのだ。物は何であれ、手を尽くして作り、結局はいつまでも役に立ち、きれいに盛られ、いつもおいしいものでなければならないということである。そうでなければ「客は二度と戻って来ない」。

　彼らに学んだ技術とフィロソフィーは、私の研究や活動の大きな支えとなっている。

ジョン前田

◎ ジョン前田 (John Takeshi Maeda／前田剛志)
1966年米国シアトルで生まれる。1989年米国マサチューセッツ工科大学(MIT)電子工学科及びコンピュータ・サイエンス学科修士課程修了。1992年より財団法人国際メディア研究財団主任研究員。同応用研究所メタデザイングループを率いて、コンピュータでのみ実現できるインタラクティブで動的なデザイン原理を追求。

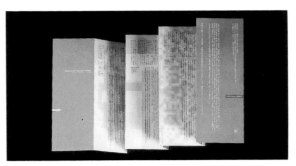

1994
Deconstructing Cyberspace Exhibition at AXIS Gallery ANNEX
DM, Catalog & Software Graphic
ダイナミックでインタラクティブなコンピュータ画面の特徴を浮き上がらせるためのシンプルなコンピュータ・プログラムを作りはじめた。Reactive Graphics(リアクティヴ　グラフィックス) No.1とNo.2である。No.1はコンピュータ画面を抽象的なカラーパレットと見立て、マウスの動きの量で色が決定される。No.2はマウスの動きに反応する9のインタラクティヴ・パターンを用意し、やや複雑な動きを見せる。

1995
Reactive Square
Book with Software Graphic
サウンドに反応する10種の正方形と、これらのフォルムの制作背景を記したもの。印刷されたグラフィックスへの愛着と同時に、紙媒体を超えたグラフィク研究の必要性を著そうとした。(『デジターグ』より発売中)

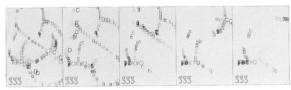

1995
TDC '95 Interactive Poster
Software Graphic
マウスを動かして触らないと見えてこないフォルムを用いて、イベントグラフィックの新しい在り方を提示した。

クローズアップ部門・作家対談：メタデザインへの挑戦
ジョン前田／松岡正剛
"Towards Metadesign" by John Maeda and Seigo Matsuoka

僕は基本的に、ツールはデザイナー自身が作るべきもの
であると考えています。
わかりにくさを武器にするデザインには
賛成できない。●maeda

松岡●ほとんどの人たちは、たとえば藤幡正樹君たちのよ
うに、コンピュータ・アーティストとして前田君が活躍し
ていくのだと思っているんじゃないかな。
前田●そうではないですね。
松岡●あるいはツール・メイカー、デザイナーにソフトを
提供してくれる人だと思っている人もいるよ。
前田●それも違います。カイ・クラウスがメディアでもて
はやされていますよね。「カイズ・パワー・ツールズ。これ
があれば、あなたもプロのデザイナーです」と言わんばか
りに。あれはスタイルをツール化しているだけのものです
が、彼のようなツール・メイカーになるつもりはないんで
す。僕は基本的に、ツールはデザイナー自身が作るべきも
のであると考えています。昔のデザイナーたちがペン先を
自分の使いやすいように削ったように。人が提供するツー
ルを使うと、どうしてもレイジーになってしまう。
松岡●『リアクティヴ グラフィックス』は、デビッド・スモー
ルがやっていることなんかとは違うの？
前田●いいえ、違います。僕の方がつまらない。（笑）
　彼もそうですが、MITの問題の一つは、使っているマシ
ーンが先端的で、普通の人、たとえば僕の両親、家族に影
響が及ばないということです。それは、将来を開発してい
るとも言えますが、コンピュータがブラックボックス化し
て、"全く何をやっているかわからないが、仕事はしてくれ
る"というものになってしまう。モノを作ったり、表現しよ
うという人にとっては、それでは意味がありません。
松岡●結局のところ、前田君が一番感じているのは、コン
ピュータへの根本的な疑問なのか、その使われ方に対する
疑問なのか、あるいはコンピュータがどんどんアーティス
トを浸食していく、その侵され方が気にいらないのかな？
前田●わかりにくさを武器にすることには賛成できませ
ん。現在のグラフィックデザインの進歩段階に不満を持っ
ていることは確かですね。AIGAに代表されるアメリカの
グラフィックデザイナーたちのある種のやり方、『エミグ
レ』や『レイ・ガン』にしても。それらの作品は、上の世代
にとって理解しにくく、若い世代にしても本質的なところ
が理解できるものではない。コンピュータがグラフィック
デザインの現状になかなかフィットしていない難しさを感
じています。
　しかし、悲観的に考えることはないかもしれない。歴史

をみればわかるように、常にサイクルがあります。ダダイ
ストの視覚表現も、最初は奇抜だったり珍しく見えたもの
が、エントロピー的に人々の中に充満していき、次の段階
をもたらす。コンピュータも同様です。
　ただ現状を言えば、若い世代は、それ以前の人たちを越
えたい、負かしたいと考えます。そこでコンピュータを使
う。まるで仕事の質をお金で購入するように、より優れた
コンピュータをどんどん買う。現在のグラフィックデザイ
ンは、完璧な一本の線にこだわるのをやめて、いかに複雑
にたくさんのことを盛り込むか、表現を過剰にするかとい
うことに傾きがちです。しかし、それだけでは、過去の素
晴らしい作品と勝負にならないでしょう。
松岡●いわばデジタル・バウハウスを志向しているわけ
だ。パウル・クレーが一本の線に宇宙の律動を受信しよう
としたそのスピリッツをデジタル・パフォーマンスの上に
も展開しようというわけですね。それには頑固なコンピュ
ータをゆさぶる必要がある。

ツールの使い方を教えるのではなく、コンピュータを理解
できるデザイン・カリキュラムを作りたい。●maeda

コンピュータは、感覚装置としての可能性を
発揮すべきだ。●matsuoka

前田●まず僕自身が、コンピュータを一から考え直したい
と思っています。コンピュータの意味を壊さないと、コン
ピュータは理解できません。ウィンドウも全部除去して、
インターフェイスも除去して、ダイナミックな白紙を作っ
てみました。そのダイナミック・ペイパーでもの作りをゼ
ロから始めたんです。
　僕は常に新しいコンセプトを作りたいと思っています
が、これまで多くの作家たちが様々なコンセプトに取り組
んできたので、本当に新しいものなのか時々わからなくな
ることがあります。
松岡●いや、確実に新しいものですよ。コンピュータの中
に、もう一度、何も書いていないカラフルなポストイット
を用意する必要があるんです。ただし、その電子ポストイ
ットは互いに透明にリンクしていなければならない。つま
りトランスペアレント・フォルムから次のトランスペアレ
ント・フォルムに自由に移行できなければならないよね。
前田●初期の頃の僕の仕事は、60年代のコンピュータアー
トの作品に、結果的には似ています。でも、それらのほと
んどのプログラムは、テクスチュアル・フォルムがグラフ

ィック・フォルムを作りだしています。僕の場合は、テクスト
を通らないで、グラフィックのフォルムからグラフィッ
クのフォルムを作ることができないだろうかと考えている
んです。もっとコンパクトでなければいけないと思うし、
視覚的なアセンブリー言語、視覚的なハイレベル言語が必
要です。

松岡●ということはプログラミング言語の開発もしようと
考えているわけね。

前田●そうです。視覚プログラミング言語もいろいろな研
究がなされていますが、未だに貧弱な内容です。なぜなら、
テクノロジーの側から視覚的なものにしようとしているだ
けですから。本来、ダイナミックなフォルムのダイナミッ
クさを理解している人でなければ、視覚的なプログラミン
グに参画できないはずです。

松岡●本当の意味でのグラフィック言語って、まだ生まれ
ていないよね。

前田●そうです。やってみたいですね。5年前にコンピュ
ータから一度離れて、グラフィックデザインにのめり込ん
で、ある程度やって戻ってみると、コンピュータが全然違
うものに見えてきました。非常にエキサイティングなもの
に見えてきた。

松岡●コンピュータと付き合っている人たちは、前田君の
ようにコンピュータをエキサイティングなものにリロケー
トできない。デザインの原点を思い返せないんですよね。

前田●その点では他の人よりスマートで良かった。(笑)

松岡●なぜそうなるのかというと、一般の人は、コンピュ
ータの中にデザインがあるのだと思ってしまう。これが誤
解なんです。コンピュータには何も入っていない。一本の
線すら入っていない。単にドットやピクセルにすぎない。
けれども、ついつい幻想をもってしまうんだよね。

前田●そうですね。デザイン学科の「デジタルデザイン」の
授業でツールの使い方を教えることが象徴的です。プログ
ラミングを学ぶ方がためになると思います。たしかにプロ
グラミングは一見おもしろくない。でもそれは授業設計の
問題でしょう。今のデザインの領域の中でコンピュータを
使うのではなく、コンピュータを理解できるようなカリキ
ュラムをこれから作ってみたいと思います。実現できれ
ば、みんながもっと自分の感覚をコンピュータにフィット
させられるようになるでしょう。

松岡●それはいい。やはりコンピュータはセンス・ナビゲ
ータ(感覚装置)としての可能性を発揮すべきですね。もう
ひとつ重要なことは、コースウェア・プログラムをつくる
こと。自分がそこに入っていって、いつまでも遊べるプロ
グラムが必要です。子供たちの教育にとっても良いことだね。

John Maeda

<u>無限のキャンバス、無限のデザインという概念に</u>
<u>興味がある。</u>● maeda

<u>コンピュータが持っているアルゴリズムやインターフェイス</u>
<u>の隙間を追っ掛けていくと、知覚が論理化する以前の状態の</u>
<u>自由なグラフィック・インターフェイスが引き出せる。</u>
<u>前田君はそれを引き出せている。</u>● matsuoka

前田●最近ようやく超複雑さを秘めながら、見かけはシン
プルという作品が作れるようになりました。グラフィック
スが永遠に変わり続けていくといういくつかのプログラム
を書くことによって、実現させたものです。

松岡●変わり続けていくって?

前田●いわゆるアニメーションというのは、何時間もかか
って一つの動画的アニメーションができますが、僕の作品
はずっと変化が続いていく。無限のキャンバスに絵を描い
ているようなものです。無限のデザインという考え方に大
変興味を持っています。これまでのグラフィックデザイン
は、いつも"はじっこ"(時空間の有限な大きさ)を意識して
きたので。

松岡●それが秘密だね。我々の知覚はラディカルな言語になる以前に、実はいろいろなものがケバケバな突起的イメージとして脳の中にハレーション状に出ているわけですよね。これを我々は理性や言語や現存の形態イメージで抑圧してしまう。あげくにつねに理知的なデザインが脳の中から出現してくる。それも悪くないけれど、形をとる以前のランダム・ウォークを取り出すことも必要なんです。コンピュータが持っているアルゴリズムやインターフェイスの隙間を追っ掛けていくと、そうした知覚が論理化する以前の状態の自由なグラフィック・インターフェイスが引き出せる。それをやる人は少ない。前田君はそれをやろうとしているわけじゃないかもしれないけど、結果的に引き出せているという気がする。

前田●認知科学の世界では、人はこういうふうに認知する、従ってこういう認知をさせるためにはこういうふうにやればいいと分析する。僕としては、そこまで分析できるのであれば、それを取り込んで、理解するプロセスを受ける側に押しつけない、負担をかけないようにできるのではないかと考えています。受け手側がすぐに受け取れるかたちにしてしまえばいいんじゃないかと。

松岡●人間にはネオフォリアとネオフォビアという両極の特性があるんです。ネオフォリアは新しいものにじゃれたいという感覚で、ネオフォビアは新奇恐怖症という感覚。コンピュータをネオフォビアにしてはいけない。前田君の狙いはコンピュータとすぐに戯れたくなるところにあるよね。そういう意味では、他のアーティストやプログラマーが作っているものより、よほどセンシティブです。コンピュータに出会った瞬間、その一番奥のニュアンスがうごめくということも伝えていると思うね。

前田●70歳くらいの方が僕の作品をいろいろ触ったことがあります。触るとグラフィックスが千変万化に変化する。「私が使っているのは本当にコンピュータですか」とうれしそうに話していました。そういうことかもしれない。

松岡●子供が海の動物に触るようなものだね。そのとき、子供の心の中には、海が芽生えているわけですよ。

前田●通常のインタラクティヴ・メディアの場合は、触って、その後に何かが動いてという繰り返しに過ぎませんね。僕が追求しているものとは違うんです。

　僕は本や印刷物がとても好きなんです。紙を虫めがねで繊維まで見て、何て美しいんだろうと思ったことがあります。最近『リアクティヴスクエア』という本を出しました。本の中にはフロッピーディスクが入っていて、その画面の方にもページをめくる見出しがついていますが、触れない。本の方では見出しに触れて、紙のざらざらを楽しんで

もらえる。そのかわり画面では、ユーザーがリアクションできるという別の楽しみがあります。

松岡●人間に不思議な気持ちを起こさせる本を作る、あのブルーノ・ムナーリを越えちゃったね。

ダイナミック・ペイパー、ダイナミック・タイポグラフィのスキルを培って、見ているだけでわかる、なぜわかるのかという解釈も不必要なマガジンを作ってみたい。●maeda

眼が触り、指が聞くマガジンなら大賛成だ。●matsuoka

松岡●ところで、前田君の作品は実に微妙にいい着地点でプログラミングされているんだけど、実は微細な感覚領域の機械化のような世界の中には、ある問題が生じてくるんだよね。つまり、何度もやることが、コンピュータの使い手であるユーザーにとってどういう意味を持つのかということなんです。最初は確かにフラジャイルな驚きがあると思うんだけど。

　たとえばコップの中に水を入れて太陽にうつすと、本当にきれいです。カットグラスならなおさら、無限に変化する。僕はいつ見ても、こんなに美しいものはアートにはないと感動するんです。それから僕が手の平で土を触ると全地球のグラデーションと何億というピクセルを感じることができる。それが微妙に僕の手の下で動いているのがわかって、いかに素晴らしいインターフェイスであるかということがわかっているのに、毎日はしない。人間の閾値がそこまで追いつかないんだろうね。自分がずっとその虜になって、コミュニケーションし続けることは意外にむずかしいわけですよ。そこで、みんなゲーム化したり、楽しみながらもスキルアップさせるプログラムを入れてしまうことになる。

　いまのところ前田君の方法はそれに陥っていないんだけど、さて、ユーザーに何度も同じ感覚遊戯をさせ続けられるかというと、なかなか難しい。

前田●松岡さんがおっしゃっていることはよくわかります。ただ僕自身はもっとグラフィックな指向、デザインということで考えています。あるアイディアをコミュニケーションしたい動機がまずある。コミュニケーションとしてのデザインです。あるメッセージを伝えるということを想定しています。美しいだけではなく、そこに何らかのメッセージや意味性があれば、戻って何度か見るでしょう。今は、そういったものを作るために必要な基本的なスキルを増やしている最中なんですね。たくさんのレパートリーを

作って、それがマスターできたなら、ダイナミックなタイポグラフィへと進んでいけます。

そしていずれ、メッセージのたくさんつまった何か、読まなくても理解できる雑誌といってもいいのですが、そういうものを作りたいと思っています。見ているとわかる。なぜこれがわかるのかという解釈も必要ないようなものを作っていきたいと考えているんです。

松岡●そうか、それならわかる。眼が触り、指が聞くマガジンなら、それは大賛成です。そのような読めない雑誌とか、ダイナミック・ペイパーやダイナミック・タイポグラフィというものは、実は幼児や子供たちがすでに持っているものなんですよね。頭の中にもあるし、白墨のようなものを持って地面に向かう瞬間にも現れる。彼らはそれを地面というものではなく、たくさんのダイナミック・ペイパーの連続的な変化というふうに見ている。壁や本を見る時にも、我々が見ているような本ではなく、千変万化するような瞬間のものとうつっている。ぜひ、そういうものを作ってほしい。

Seigo Matsuoka
日本で初めてエディトリアル・ディレクターとして、多くのメディアづくりにかかわる一方、情報文化と情報技術を統合するさまざまな研究開発に従事する。また、デザイン、マルチメディア、日本文化などをテーマとする数多くの国際会議、シンポジウム、テレビ番組などの企画に関与している。おもな著書は、『情報と文化』『ルナティックス』『外は、良寛。』『花鳥風月の科学』『フラジャイル』ほか。Tokyo TDC 特別会員。

北斎の波をコンピュータで再現するのではなく、
波の変化を、指先の微妙な動きによって
参加者全員が永遠に追体験できる。
そういうおいしい料理であることを、
前田君はもっと強調すべきだ。●matsuoka

松岡●前田君は、コンピュータそのものの中の4次元、n次元の鉛筆に捉えなおしたいと考えているんだろうけど、そのために新しい数学が必要というわけでもない。さらにコンピュータの中に細かいディテールが描ける先の尖った鉛筆が必要というわけでもない。むしろ人間がn次元の鉛筆を持って、自由に無限に動く、そのイメージを浮かばせたいんじゃないかなあ。見て、触って、人間のクリエイティビティがドライブしていく方向に任意の関係を導き出そうとしているようにみえる。僕としては、その先、つまりどこにナビゲーションしていきたいのかに関心があるんだ。

もっとわかりやすくいうと、僕たちは北斎の波をコンピュータで再現できるようになった。どんな色にも、どんな場所にも出現させることができるし、あるいは立体にもできる。しかし北斎の波が持っているある変化を、指先の微妙な動きによって追体験できるようになっていないんです。前田君が考えていると思うのは、そっちなんですね。マウスの下で、知覚の細かいビットの中で、北斎の波を

次々に、飽きなければ永遠に追体験できるという方向に向かっていると思う。これは一体、グラフィックデザインにとって何なのだろう?

前田●確かに現実を完璧に再現するということに興味はありません。不完全なもの、あるいは抽象的なもの、あいまいなものを含んでいるもの、よくわからない変化をする線や曲線というものが僕の興味の中心ですね。バーチャルリアリティとも違います。あれは今の研究だと極めて高価な機械類ばかりが必要になってくる。しかしご覧の通り、僕が使っているのはスタンダードなものばかりです。

ひとつのアナロジーになると思いますが、僕はロシア構成主義にものすごくひかれました。マレーヴィッチとかエル・リシツキー。マレーヴィッチは、シンプルな画像をとって、全く意味がないようにそれを並べるが、そこにはすでに意味があるというようなことをやった。コミュニケーションとデザインとの関わりということでは、リシツキーに影響を受けています。

松岡●僕は彼らよりも、前田君の方がうんと面白いと思うのね。なぜかというと、確率論的デザインが入ってきているからです。マレーヴィッチやリシツキーのデザインは、

215

意識を削いでいきながらそれを対象化する画面がそこにあるわけで、最終的には無限に近いものを目指す。しかし、マレーヴィッチはそこにいられるけれど、人々はいられないわけですよ。ところが前田君がやっている活動や作品は、無限に近づこうとするプロセスに、参加者全員が共存できる。それは、これまでのデザインの歴史やコンピュータ・デザインの歴史、未来派のノイズミュージック、ルイジ・ルッソロなどの考え方や、エミグレのタイポグラフィックスデザイン・プロセスとも全然違う。似ているけど、全く違う。

　別の例で言うと、たとえば夕焼けがあるからその真下に行きたいと人間は考えたりする。実際マックス・エルンストが思ったわけです。彼は汽車に乗って窓の外に電線がゆらゆらしていることに気づくんですね。ゆらゆらしている電線というものが世の中のどこかにあって、その最後まで行きたくて、エルンスト少年は歩き続けた。そのように、僕たちは世界のある角度から世界のある一点を見て、突然世界が無限なサーキュレイションをして動いているということを知っているんですよ。前田君がやろうとしているところはそこなんだ。それは単にエルンスト少年の憧れだけじゃなくて、人間の知覚の奥にある微妙な動向と関係しているわけだ。この両関係が一緒に起こることが不思議なんです。そういうおいしい料理であるということを、前田君はもっと言うべきなんだよ。

前田●僕自身、まだ優れているとは思えないんです。ちょっといいかなあ、というくらい。(笑)

　もっとおいしい料理と思えるようになったら、言ってもいいのですが。

モニターの中では何が起こっても当然、
と人々は思ってしまう。
画面上の作品の問題点です。●maeda

レオナルド・ダビンチが壁にしみを描けと言って、
全絵画の歴史を今日に残したように、
我々はもう一度、しみから始めないといけない
ところに来ているよね。●matsuoka

松岡●さっき僕は確率論的デザインと言ったけど、偶然とか確率が及ぼしていくデザインの可能性をどう思いますか。前田君はアレグザンダー・カルダーのモビールにも関心を持っているようだけど。カルダーよりもっと自由なものが作れるよね？

前田●ただ、マジック的な魔力はカルダーの方があると思うんです。たとえば実際に触れるし、金属やガラスなどが不思議な動きをするという魔力。ところがモニターの中では、人々は何が起こっても当然だというように思ってしまいますよね。

松岡●そこなんだよね。なぜ魔力がもう一つ出てこないのか。でも前田君は気づいているんだから、何かできる可能性があるんじゃないかな。

前田●既存のインタラクティヴのプログラムやネットワークは誰にでも手に入ります。欲しいものは何でも手に入るということに、人々が慣らされ過ぎているからでしょうか。僕が作っているものは全然違うんだけど。

松岡●日本で持てはやされているデジタル・タイポグラフィを見ても、魔力はないよね。コンピュータできれいに作っているにもかかわらず。バロックの時代に建築物をエッチングで描いたものなんかの方がはるかに魔力がある。

前田●魔力の重要な原点は、使いこなすということにあると思います。道具にしても素材にしても。そういった作品はきっと道具を使いこなせていないのでしょう。

　もう一つは、あのモニターで、軽々しい音がして、まだそういう状態ですね。コンピューターの絵を描けと言ったら、必ず四角いモニターの絵を思い浮かべる。紙の絵なら、あらゆる紙のかたちを人々は想定できるのに。

松岡●そうだと思います。我々はもう一度、レオナルド・ダビンチが壁にしみを描けと言って、全絵画の歴史を今日に残したように、しみから始めないといけないところに来ていると思う。

前田●まさしくそれをやっているつもりです。メインストリームのデザインという面でもそれを応用できたら。たとえばTDCのためのポスター、インタラクティヴ・ポスターというものを考えました。しかし、「ポスター」と言った時に、人々はそれは壁にはってあり、眺めるものであると思っている。その概念をぶち破るにはちょっと時間がかかるでしょう。

　それから、大きい方がベターだという概念がある。大きなポスター、大きなモニター。しかし、コンピュータでいえば、同じスキャン・タイムなら、小さいモニターの方が長時間持続させることができる利点があります。大きい価値、小さい価値を誰もがきちんと判断がつけばいいのですが。あっちの価値を見ちゃうと、こっちの価値を見失うという状況ですね。

松岡●そういう世界をピヨトル・コヴァルスキーみたいに大きなLCDとかで見せて、アートっぽく作品にするっていうんじゃ、つまらないよね。

アイコンだけを出すのではなく、ムービングさせたり、
触ると意味が現れてくるということも考えるべきです。
そういうタイポグラフィはまだ出現していない。● maeda

ザ・ネットの時代のタイポグラフィというのは、
文字だけじゃない。文字に代わるハイパー・
タイポグラフィックスが必要だと思う。
いずれにしても表音文字と表意文字が一緒に
ならないとダメです。● matsuoka

松岡 ● これからインターネットの中で、どのような文字の
世界があるか、どういう状況の中で、文字というものがネ
ットワークやエレクトリック・コミュニティの中で使われ
ていくのか。そのへんを聞きたい。

前田 ● 今、『ワイヤード』などの雑誌をみると、いろんな人
が驚くべく工夫をして、情報のやりとりの方法を論じてい
ます。スマイルやハッグのシンボルとか、様々なタイポグ
ラフィやそれに変わるものが生まれてきている。あるいは
『WWW(ワールド・ワイド・ウェブ)』から生まれたもので
あるとか。ところがイメージ、テクスト、イメージ、テクス
トという順番が言われている時に、イメージだけだと大き
すぎて、全貌をここに運んでもらえない。すると残るのは
テクストだけになってしまう。イメージでいくにはどうし
たらいいかということを考える段階に来ていると思いま
す。

松岡 ● まさにそこを議論したいし、まだ誰もしていないん
ですね。僕はザ・ネットの時代のタイポグラフィというの
は、文字だけじゃないと思う。文字に代わるハイパー・タイ
ポグラフィックスのようなものが必要だろうと思う。でも
全部がイメージかというと、また違う。イメージとタイポ
グラフィの間というか。

前田 ● 一つのタイプでも、一つのイメージでも、たとえば
強弱のつけ方とか、補強の仕方とか、あるいは多くのイメ
ージを一つのカプセルにまとめて、そこに豊富なものが入
っていて、その変化を多様につけるとか、そういうかたち
で使っていけたらいいと思うんですが。

松岡 ● カプセルという意味は?

前田 ● まだわからない。でも、たとえば電子コミュニケー
ションの新しいやり方がわかれば、データなんてなくても
よくなる。今、データが相当のスペースをとっています
ね。

松岡 ● カプセルというものがどういうものなのか、だね。
ひょっとしたら「図」としての文字の背後にある「地」のよ
うなものかもしれない。

前田 ● 僕の作品は、20個でもフロッピーディスク一枚に入
ってしまいます。しかしそれを起動するとものすごい情報
量になります。僕がエンコードしたコンセプトに沿って情
報をジェネレイトしているのです。カプセルとは、実際の
コミュニケーションではなく、そのメッセージをどうやっ
て伝えるかという考え方のようなものです。

松岡 ● 一つ一つを組み合わせて図形言語になるような、こ
の一つ一つに文字に代わる意味を与えていくようなものが
できたらいいよね。

前田 ● まさしくそうだと思います。組み合わせによって、
別の次元の意味を持つとか、そういう一つ一つにしていく
ことはできると思う。

松岡 ● すでに僕のノートは15年前から、いろんな図形言語
になっちゃっていて、誰にも読めないところがある。言語
や文字は、アルファベットや象形文字や漢字というものを
越えて、いくらでもスピードがあがるんですよね。わかり
やすい例では点字や手話とか、ああいうものが言語の代用
になる。ということは、タイポグラフィというのは、わざ
わざ我々が、情報産業やメディア産業のために押し込め
て、あのグラフィックスを使うというふうにしているだけ
なんですね。僕はここまでくれば、文字と図がもっと自由
に融合していくだろうなという気がしますけどね。

前田 ● スクリーン上でテクストの意味を考える時に、アイ
コンだけをスポンと出すだけではなく、ムービングさせた
り、触ると意味が現れてくるということも考えるべきです
よね。そういったデザインやタイポグラフィはまだ出現し
ていない。とてもエキサイティングな領域です。

松岡 ● いずれにしても表音文字と表意文字が一緒にならな
いとダメだね。前田君みたいに、シアトルの豆腐屋で生ま
れてコンピュータをやっているみたいな、ね。(笑)

協力:木幡和枝/大野一生(国際メディア研究財団)
撮影:鍋島徳恭

特集6. 追悼・中西亮
120ヵ国から400種の文字を収集、研究する。／文字に魅せられた70年。
Tribute : A Scholar of Typographics and Lifetime Collector with a Fascination for the Written Characters of the World ; Akira Nakanishi

昨年4月、中西亮夫人からお電話をいただいた。まさに晴天の霹靂、4月15日に中西さんが亡くなったというのだ。密葬が終わり、4月末に社葬があるとの連絡だった。アフリカのティンブクツーの旅から戻られて入院されたという話を聞き、早い機会に見舞いに行かなくてはと思っていた矢先だった。あんなに元気で、ゴムマリがポンポンと弾んでいるような人が死ぬなんて信じられなかった。

僕が初めて中西さんの存在を知ったのは10年前のことだ。広告のロケでパリに滞在していた折、本屋で中西さんの著作『世界の文字をたずねて』という本に巡り合った。こんな人がいるのかと感動し、早速、ある雑誌で紹介した。「中西亮さんは凄い人である。10年間に60ヵ国以上も動き回ったのだ。世界の文字をたずねて——目的が明確なのがまたいい。観光という明るさと、文字が持っているそれぞれの民族の深い歴史とが微妙に交差して、頭脳に心地よい響きを残してくれる。文化の象徴といえる文字を、こんなにたくさん集めた本はめったにない。」 そのような文章を書いてから5年後に、僕はTDCを設立した。

TDCの第2回展のテーマは「アジア」だった。初めて中西さんに連絡を取り、お会いした。全面的な協力を約束してくれた中西さんは、コレクションの中からアジアの多様な文字の新聞を展示してくれた。その中には政情不安定な国から命がけで持ち帰った新聞も含まれていた。中西さんがご自宅に作られた私設文字博物館では、世界の文字の勉強を大いにさせていただいた。そのお陰で、僕は22種類の異なるアジアの文字の作品を制作することになり、中国ナシ族の"生きている象形文字"、トンパ文字と運命の出会いをするのである。その後、トンパ文字の研究書を書かれていた言語学者、西田龍雄先生をご紹介いただき、中西さん、西田先生と一緒にナシ族をはじめとする中国少数民族の文字研究の旅に出ることになった。

上海→昆明→シーサンパンナ→昆明→大理→麗江→大理→昆明→西昌→成都→北京。中西さんが企画した20日間の旅は、一分の隙もない見事なものだった。僕の一番の目的はトンパ文字の研究だったが、中西さんはトッコウタイ族の文字の新聞と活字板の入手、そしてイ族のロロ文字が生活の中でどのくらい使われているかを調べることだったようだ。その各々の目的が果たせた上、移動は可能な限り風光明媚なルートを選び、食事にも気を遣った。物の値段を知っているから、無駄な金は使わない。そのかわり、これという貴重な資料を手に入れるためにはドンと金をかけるやり方。本当に旅の名人であり、鼻のきく凄腕のコレクターだった。

中西さんが亡くなられた直後、中西コレクションにお別れを言いに、その全ての資料が寄贈された国立民族博物館を訪ねた。120ヵ国から集められた400種類の文字たちは、愛してくれた主を失って寂しそうだった。

—— 中西さんの突然の死の知らせから、早いもので一年が過ぎた。4月15日の祥月命日に墓参りをした。民族博物館に入った中西コレクションは、5年間に渡る研究の上、リストが作成され、中西コレクションとして展覧会が開催されるそうだ。文字という人類の遺産を情熱的に収集し、研究された中西さんが残した財産を、我々は未来に向けて大切に使っていかなければならないと、あらためて誓った。そして、近い日に僕はもう一度、あの透きとおるほど美しい光につつまれた幻の古都、ナシ族の麗江を訪れるつつもりだ。

浅葉克己

故中西亮氏（右）。左は西田龍雄先生。1990年6月上海空港にて浅葉克己撮影。

わが夫の死／死をも恐れなかった文字への情熱。

最後の著作となった『文字に魅せられて』ができあがった一週間後、夫は永い眠りにつきました。本のタイトルの通り、彼は、本当に文字の持つ面白さ、楽しさ、その奥行きの深さに魅せられ、文字のコレクションに人生を終える日まで、情熱を燃やし続けました。

一昨年10月、彼は会社の定期健康診断で肺に癌があることが判り、しかも余命は一年以内と告げられました。「それなら何とかして西アフリカへ生きたい」と、即座に医師に申し出ました。西アフリカの砂漠地帯に住むトゥアレグ族の持つティフナグという文字が今もあるのか、そして読める人がいるのか、もちろん手に入れたいという強い思いがあったからなのです。

ただでさえ余りに遠く、条件も悪い砂漠地帯への旅行ですから、医師たちも首をかしげていられたのですが、結局、彼の強い意思と熱心さに折れて、経口の抗癌剤を持っていくことで了解してくださったのです。

旅行中の彼は、全く普段と変わらず精力的に歩きまわり、とうとうその文字を見つけ出しました。この時の喜びは、そばに居た私も思わず一緒に涙ぐんだほどです。

帰国直後、病状は急に悪化し、二ヵ月余りで帰らぬ人となりました。

彼の情熱を傾けた全ての文字資料は、私ども遺族の手では管理も難しいと判断して、国立民族学博物館に寄贈いたしました。彼のあの死をも恐れなかった文字に対する執着が、今後の研究のお役に立てばと思っております。

（この最後の旅のことは、『文字に魅せられて／同朋舎出版刊』の最後に口述筆記で入れました。）

中西豊子

Akira Nakanishi
1928年京都に生まれる。府立京都一中、旧制第三高等学校、京都大学法学部卒業。家業の印刷業に従事し、1985年六代目社長に就任（1994年より会長）。税理士。趣味として海水魚を飼育する他、世界各国を旅行し各地の文字を蒐集・研究する。著書に「世界の文字（1975年みずうみ書房）」「Writing Systems of the World（英文、1980年チャールズ・イー・タトル社）」「世界の文字をたずねて（1982年松香堂）」「地球あちこち（1991年松香堂）」「文字に魅せられて（1994年同朋舎出版）」がある。

『世界の文字をたずねて』（松香堂刊）。

『世界の文字』（中西印刷刊／英文：チャールズ・イー・タトル社）。

最後の著作『文字に魅せられて』。

特集7．追悼・林 隆男
"書体のデザイン性とオープンな流通"の確立／夢に殉じた57年。
Tribute: Dedication to Typographical Design and to the Cause of Establishing
Open Channels of Global Communication for Creator; Takao Hayashi

林さん、あなたは同郷の先輩として、私の憧れでした。
1962年のタイポスの発表は衝撃でした。高校一年の私は、林さんが豊橋出身だと知っただけで胸がときめきました。私を含め、タイプフェイスデザインを志す者ならば誰でもがタイポスを学ぶことから、その後の多くのことが始まったと思わずにはいられないでしょう。それほど歴史的な仕事でした。

それから約10年後、日本タイポグラフィ協会に入会する時に初めてお話して頂きました。緊張して電話したものでした。その時からただ遠くで憧れるだけの先輩から、やさしく導いて頂ける先輩となりました。

さらに、10年後の1984年、林さんがプロデュースし、私がデザインしたかなのタイプフェイス小町、良寛で憧れの先輩が仕事のパートナーとなりました。

林さん、あなたのタイプフェイスへの思い、一文字、一文字、一画ごとへの厳しさはまさに鬼のようでした。普段の優しさの裏に隠された熱い思いは一緒に仕事をした者にしかわからないでしょう。私はいまだに林さん程にタイプフェイスへの知識と目と情熱を持った方を知らない。林さんは日本のタイプフェイスの制作に欠くことの出来ない方なのです。本当に残念です。

小町、良寛の試作は多くのデザイナーに見て頂きました。多くの方が否定的な中で林さんだけが評価して下さいました。小町、良寛は林さんのプロデュースで見事に大ヒットしました。林さんは感性と理性を合わせ持ったすばらしいデザイナーであり、プロデューサーでした。

良き先輩、良き師、良き友人として生涯のお付き合いをして頂けるものと、当然のように考えておりました。人生とは酷いものです。ある日突然、このような悲しい知らせを受けるとは……

日本のタイプフェイスの世界はまだまだ畑作りの段階でやっと、種を蒔いたばかりだと、話をしたことを思い出します。林さんは30年間、本当に一筋に頑張ってこられました。その中でも最も力を込められたタイプバンクフォントのファミリーが揃い、スタッフも揃い、30年の思いがやっと芽を出した矢先に、さぞや無念でしょう。

しかし、林さんに薫陶された若い方達も育っています。奥様、久美子さんを中心に必ずや残された仕事は完成されるでしょう。およばずながら、私も久美子さんや若い方達の手助けをさせて頂き、林さんのご意思を継ぐ覚悟でおります。それが林さんへの感謝と最も良い供養だと信じております。……
平成6年11月17日
味岡伸太郎
（故 林 隆男氏 葬儀、弔辞より）

林 隆男／タイプフェイスデザインとプロデュースの歴史。

1937年　満州・奉天生まれ
1960年　武蔵野美術学校中退
1962−1972　書体開発に新しい方向性を見出し、グラフィックデザイン界に大きな反響を呼んだモダン書体「タイポス」の制作・写植文字盤化と普及をグループ・タイポの一員として推進。

Typos ああああああああ

1973年　桑山書体デザイン室入室
1975−　タイプバンク設立。以後、制作以来15年を経て急速に普及している「水井正ナウシリーズ」。共同開発の「サイン専用書体」。小町・良寛ブームを引き起こしたポストモダンの「味岡伸太郎かなシリーズ」などのアナログフォントのディレクションおよび、デザインとプロデュースを行う。
1979−　デジタルフォントの制作システムや、ソフトを自社開発しながら、明朝M＝メディウム（TBMM）、ゴシックB＝ボールド（TBGB）、味岡伸太郎かなシリーズなどのビットマップからアウトライン化までのデジタルフォントのデザインおよびディレクションと販売・普及を始める。
1990−　明朝MとゴシックBを基本にファミリー化を始める。明朝R＝レギュラー（TBMR）とゴシックM（TBGM）のアウトラインフォントが完成。明朝MとゴシックMおよびBのビットマップフォント8×8〜83×83ドットまで35種類が完成。
1992　明朝H＝ヘヴィ（TBMH）とゴシックH（TBGH）のアウトラインフォントが完成。高速に高品質の文字が出力できるように複数のデータをパッケージングしたチューンナップアウトライン・フォントパッケージが完成。
Adobe Systems Incorporated との間でクロス・ライ

センス契約を締結。タイプバンクは Adobe のフォント制作ツールを使用して、タイプバンク所有の書体を業界標準となっている Adobe の Type 1 フォーマットとして制作。Adobe はタイプバンクによってタイプ 1 フォーマット化された書体をライセンスし、ポストスクリプト・アウトライン・フォントとして世界各国で販売できることとなる。

1992－1993　明朝M・H、ゴシックM・B・Hの5漢字書体に合わせたかなシリーズ築地・小町・行成・良寛・弘道軒の25書体のアウトラインフォントが完成。

1993－1994　漢字5書体、かなシリーズのWindowsで使える WIFE フォントがタイプバンクブランドで Font Wave 版および Font Gallery および FCF 版として発売。

1994－　丸ゴシックRのアウトラインフォントとビットマップフォントが完成。明朝DE・E・ゴシックD・Eのアウトラインフォントが完成。Linotype-Hell から明朝M・H、ゴシックM・B・Hの5書体が発売。キヤノンLBP対応フォントカードとして明朝HとゴシックBがタイプバンクブランドで発売。Adobe より明朝Mと仮名シリーズの

発売。AGFA Division とライセンス契約を締結。エヌフォー・メディア研究所より、明朝M・H、ゴシックR・M・B・H、丸ゴシックRの漢字7書体とかなシリーズ25書体を発売。

1995年現在　タイプバンクのフォントは広範囲の分野で使用されている。例えば、MS-DOSのためのレーザープリンタでは、日立、京セラ、カシオ、富士ゼロックス。Windows の WIFEフォント（パッケージ）では Font Wave、Font Gallery、FCF。Post Script のプリンタには富士ゼロックス、QMS、伊藤忠エロクトロニクス。PSパッケージフォントでは Linotype-Hell、Adobe、エヌフォー・メディア研究所。企業内外の広範なデータベースをドキュメント化するインターリーフのインターリーフ5J、富士ゼロックスのAkane。その他ワークステーションのOSやドキュメントソフトにも採用されている。特殊なものでは、サッカーや野球でのテレビ放送、横浜球場と広島球場の電光掲示板、ホンダアコードのナビゲーション等にも使われている。

1994年11月15日　急逝

TypeBank font

Photo setting font

Mizui Tadashi Nau series　Ajioka Shintaro kana series

Bitmap font

Outline font

TypeBank font　Ajioka Shintaro kana series

会員住所録　Members' Address

青木克憲　｜100　東京都千代田区丸の内1-1-1　パレスビル9F　株式会社サン・アド
　　　　　｜Katsunori Aoki ● Sun・Ad Co.,Ltd.／9F Palace Bldg., 1-1-1 Marunouchi, Chiyoda-ku, Tokyo 100
　　　　　｜tel. (03)3274-5021 fax. (03)3215-3246

青葉益輝　｜104　東京都中央区銀座3-15-9　大倉ビル4F　A&A青葉益輝広告制作室
　　　　　｜Masuteru Aoba ● Masuteru Aoba Design Office／4F Okura Bldg., 3-15-9 Ginza, Chuo-ku, Tokyo 104
　　　　　｜tel. (03)3543-6441 fax. (03)3543-6442

秋元克士　｜102　東京都千代田区二番町2-12　平田ビル　アド・エンジニアーズ・オブ・トーキョー
　　　　　｜Yoshio Akimoto ● Advertising Engineers of Tokyo／Hirata Bldg., 2-12 Nibancho, Chiyoda-ku, Tokyo 102
　　　　　｜tel. (03)3264-3841 fax. (03)3264-6206

浅葉克己　｜107　東京都港区南青山3-9-2　株式会社浅葉克己デザイン室
　　　　　｜Katsumi Asaba ● Asaba Design Co., Ltd.／3-9-2 Minami-Aoyama, Minato-ku, Tokyo 107
　　　　　｜tel. (03)3479-0471 fax. (03)3402-0694

味岡伸太郎　｜441　愛知県豊橋市菰口町1-43　デザインスタジオ　スタッフ
　　　　　　｜Shintaro Ajioka ● Design Studio STAFF／1-43 Komoguchi-cho, Toyohashi-city, Aichi 441
　　　　　　｜tel. (0532)32-4871 fax. (0532)32-7134

安西水丸　｜107　東京都港区南青山4-17-49-310
　　　　　｜Mizumaru Anzai ● #310 4-17-49 Minami-Aoyama, Minato-ku, Tokyo 107
　　　　　｜tel. (03)5410-6230 fax. (03)5410-6231

生駒由紀夫　｜150　東京都渋谷区南平台町13-4-308　株式会社アイム
　　　　　　｜Yukio Ikoma ● I'm Co., Ltd.／#308 13-4 Nanpeidai-cho, Shibuya-ku, Tokyo 150
　　　　　　｜tel. (03)3770-5961 fax. (03)3770-5974

石川絢士　｜107　東京都港区南青山1-22-13　有限会社ザ・ガーデン
　　　　　｜Kenji Ishikawa ● the GARDEN／1-22-13 Minami-Aoyama, Minato-ku, Tokyo 107
　　　　　｜tel. (03)5410-3315 fax. (03)5410-3316

石浜寿根　｜107　東京都港区北青山3-8-3　ドムール青山201　石浜寿根デザイン事務所
　　　　　｜Toshine Ishihama ● Toshine Ishihama Design Studio／
　　　　　｜#201 Demeure Aoyama, 3-8-3 Kita-Aoyama, Minato-ku, Tokyo 107 tel. (03)3486-0809 fax. (03)3486-0850

泉屋政昭　｜100　東京都千代田区丸の内2-7-3　東京ビル　株式会社博報堂　第2制作局
　　　　　｜Masaaki Izumiya ● The Second Creative Division, Hakuhodo Inc./
　　　　　｜Tokyo Bldg., 2-7-3 Marunouchi, Chiyoda-ku, Tokyo 100 tel. (03)3240-8212 fax. (03)3240-8149

伊勢克也　｜108　東京都港区白金台5-13-28　白井アパートメント202
　　　　　｜Katsuya Ise ● #202 Shirai Apt., 5-13-28 Shiroganedai, Minato-ku, Tokyo 108
　　　　　｜tel. fax. (03)3280-6389

糸井重里　｜107　東京都港区南青山5-1-10　南青山第一マンションズ602　東京糸井重里事務所
　　　　　｜Shigesato Itoi ● Itoi Shigesato's Office／#602 Dai-ichi Mansions, 5-1-10 Minami-Aoyama, Minato-ku, Tokyo 107
　　　　　｜tel. (03)3400-7371 fax. (03)3400-7372

伊藤勝一　｜106　東京都港区西麻布3-20-9　ハイネス麻布606　株式会社伊藤勝一デザイン室
　　　　　｜Katsuichi Ito ● KATSUICHI ITO DESIGN OFFICE／#606 Highness-Azabu, 3-20-9 Nishi-Azabu, Minato-ku,
　　　　　｜Tokyo 106 tel. (03)3408-5560 fax. (03)3408-5855

井上嗣也　｜106　東京都港区麻布台1-1-20　麻布台ユニハウス502　株式会社ビーンズ
　　　　　｜Tsuguya Inoue ● Beans Co., Ltd.／#502 Azabudai Uni-House, 1-1-20 Azabudai, Minato-ku, Tokyo 106
　　　　　｜tel. (03)3586-8005 fax. (03)3588-1003

井上庸子　｜100　東京都千代田区丸の内1-1-1　株式会社サン・アド
　　　　　｜Yoko Inoue ● Sun・Ad Co.,Ltd.／9F Palace Bldg., 1-1-1 Marunouchi, Chiyoda-ku, Tokyo 100
　　　　　｜tel. (03)3274-5021 fax. (03)3215-3246

内田繁　｜107　東京都港区南青山1-17-14　株式会社スタジオ80
　　　　　｜Shigeru Uchida ● Studio 80／1-17-14 Minami-Aoyama, Minato-ku, Tokyo 107
　　　　　｜tel. (03)3479-5071 fax. (03)3475-4586

榎本了壱 | 151 東京都渋谷区西原2-3-3　アタマトテ・インターナショナル
Ryouichi Enomoto ● ATAMATOTE INTERNATIONAL／2-3-3 Nishihara, Shibuya-ku, Tokyo 151
tel. (03)5453-2911 fax. (03)5453-2929

太田徹也 | 107 東京都港区南青山3-14-14 サン南青山303　太田徹也デザイン室
Tetsuya Ohta ● Tetsuya Ohta Design Studio,／#303 Sun Minami-Aoyama,
3-14-14 Minami-Aoyama, Minato-ku, Tokyo 107 tel. (03)3479-3697 fax. (03)3479-6434

奥村靫正 | 150 東京都渋谷区神宮前3-31-17 ビラローザ502　ザ・ステューディオ・トウキョウ・ジャパン
Yukimasa Okumura ● The Studio Tokyo Japan／#502 Vira Rosa, 3-31-17 Jingumae, Shibuya-ku, Tokyo 150
tel. (03)3403-0786/4540 fax. (03)3403-4559

奥脇吉光 | 106 東京都港区西麻布2-24-6 マグノリア203　奥脇デザイン制作所
Yoshimitsu Okuwaki ● Okuwaki Design Inc.／#203 Magnolia, 2-24-6 Nishiazabu, Minato-ku, Tokyo 106
tel. (03)3498-3139 fax. (03)3498-3138

タキ・オノ | 150 東京都渋谷区神山町14-19　有限会社タキ・オノスタジオ
Taki Ono ● TAKI・ONO STUDIO／14-19 Kamiyama-cho, Shibuya-ku, Tokyo 150
tel. (03)3485-3216 fax. (03)3485-2991

葛西　薫 | 100 東京都千代田区丸の内1-1-1 パレスビル9F　株式会社サン・アド
Kaoru Kasai ● Sun•Ad Co., Ltd.／9F Palace Bldg., 1-1-1 Marunouchi, Chiyoda-ku, Tokyo 100
tel. (03)3274-5021 fax. (03)3215-3246

梶谷芳郎 | 160 東京都新宿区大京町25番地 キングダム御苑503　梶谷デザイン室
Yoshiro Kajitani ● Kajitani Design Room／#503 Kingdom-gyoen, 25 Daikyo-cho, Shinjuku-ku, Tokyo 160
tel. (03)3358-1722 fax. (03)3358-1740

勝井三雄 | 150 東京都渋谷区神宮前5-41-14-202　株式会社勝井デザイン事務所
Mitsuo Katsui ● Katsui Design Office／#202 5-41-14 Jingumae, Shibuya-ku, Tokyo 150
tel. (03)3407-0801 fax. (03)3407-0845

勝岡重夫 | 150 東京都渋谷区桜丘町22-20 シャトーポレール渋谷301　勝岡重夫デザイン室
Shigeo Katsuoka ● Shigeo Katsuoka Design Studio／#301 Chateau Polir Shibuya,
22-20 Sakuragaoka-cho, Shibuya-ku, Tokyo 150 tel. (03)3780-4630 fax. (03)3780-4049

金森周一 | 104 東京都中央区銀座2-11-6 竹田ビル601　株式会社金森広告事務所
Shuichi Kanamori ● Kanamori Advertising Office Co., Ltd.／#601 Takeda Bldg., 2-11-6 Ginza, Chuo-ku,
Tokyo 104 tel. (03)3545-5840 fax. (03)3545-2466

上條喬久 | 107 東京都港区南青山7-8-1 小田急南青山ビル6F　株式会社上條スタジオ
Takahisa Kamijyo ● Kamijyo Studio Co., Ltd.／6F Odakyu-Minami-Aoyama Bldg.,
7-8-1 Minami-Aoyama, Minato-ku, Tokyo 107 tel. (03)3406-8641 fax. (03)3406-8353

河北秀也 | 104 東京都中央区銀座5-13-14 銀座オリオルビル　株式会社日本ベリエールアートセンター
Hideya Kawakita ● Japan Bélier Art Center Inc.／Ginza Orior Bldg., 5-13-14 Ginza, Chuo-ku, Tokyo 104
tel. (03)5565-5641 fax. (03)5565-5563

河原敏文 | 140 東京都品川区東品川2-2-43 ボンド・ストリートT11　株式会社ポリゴン・ピクチュアズ
Toshifumi Kawahara ● POLYGON PICTURES／
Bond Street T11, 2-2-43 Higashi-Shinagawa, Shinagawa-ku, Tokyo 140 tel. (03)3474-4321 fax. (03)3474-4322

鬼澤　邦 | 107 東京都港区赤坂2-22-18 福吉町アネックス201　鬼澤邦デザイン事務所
Kuni Kizawa ● Kuni Kizawa Design Office／#201 Fukuyoshi-cho Annex, 2-22-18 Akasaka, Minato-ku, Tokyo 107
tel. (03)3585-7880 fax. (03)3589-0498

北澤敏彦 | 150 東京都渋谷区神宮前5-1-7　株式会社ディス・ハウス
Toshihiko Kitazawa ● DIX-HOUSE INC.／5-1-7 Jingumae, Shibuya-ku, Tokyo 150
tel. (03)3406-6631 fax. (03)3486-4940

木田安彦 | 604 京都府京都市中京区高倉通り錦小路上ル 四条高倉スカイハイツ#1103
Yasuhiko Kida ● 1103 Shijo Takakura Skyheights, Nishiki-koji-agaru, Takakura-dori, Nakagyo-ku, Kyoto-city,
Kyoto 604 tel. fax. (075)223-1847

木下勝弘｜171 東京都豊島区西池袋2-22-8 目白第2欅マンション304　株式会社デザイン倶楽部
Katsuhiro Kinoshita ● DESIGN CLUB Inc.／Ⅱ-304，2-22-8 Nishi-Ikebukuro, Toshima-ku, Tokyo 171
tel. (03)5952-7487 fax. (03)5952-7489

木村　勝｜106 東京都港区西麻布4-15-15 テラス西麻布101　株式会社パッケージングディレクション
Katsu Kimura ● Katsu Kimura & Packaging Direction Co., Ltd.／
#101 Terrace Nishi-Azabu, 4-15-15 Nishi-Azabu, Minato-ku, Tokyo 106 tel. (03)3407-1719 fax. (03)3499-1466

木村裕治｜107 東京都港区南青山5-3-10　FROM-1st 504　木村デザイン事務所
Yuji Kimura ● KIMURA DESIGN OFFICE, INC.／#504 FROM-1st,
5-3-10 Minami-Aoyama, Minato-ku, Tokyo 107 tel. (03)3498-7706 fax. (03)3498-7766

金田一剛｜107 東京都港区南青山6-13-2 ブルジョン南青山303　有限会社チーム＋金田一事務所
Tsuyoshi Kindaichi ● T.E.A.M. Design／#303，6-13-2 Minami-Aoyama, Minato-ku, Tokyo 107
tel. (03)3400-4005 fax. (03)3400-4205

工藤強勝｜107 東京都港区南青山2-22-14 フォンテ青山412　デザイン実験室
Tsuyokatsu Kudo ● Design Laboratory／#412 Fonte Aoyama, 2-22-14 Minami-Aoyama, Minato-ku, Tokyo 107
tel. (03)3479-1670 fax. (03)3479-1850

小島　武｜160 東京都新宿区大京町16 ハイム鳥居101　小島武事務所
Takeshi Kojima ● Kojima Takeshi Office／#101 Heim Torii, 16 Daikyo-cho, Shinjuku-ku, Tokyo 160
tel. (03)3359-2017 fax. (03)3359-5789

小島良平｜108 東京都港区白金台4-19-20　小島良平デザイン事務所
Ryohei Kojima ● Ryohei Kojima Design Office／4-19-20 Shiroganedai, Minato-ku, Tokyo 108
tel. (03)3447-1474 fax. (03)3447-2474

小西啓介｜106 東京都港区西麻布3-21-20 霞町コーポ1009　株式会社小西啓介デザイン室
Keisuke Konishi ● Keisuke Konishi Design Room／
#1009 Kasumi-cho Corp., 3-21-20 Nishi-Azabu, Minato-ku, Tokyo 106 tel. (03)3404-8251 fax. (03)3404-4257

佐藤晃一｜113 東京都文京区本郷1-35-28 メゾンドール本郷504　株式会社佐藤晃一デザイン室
Koichi Satoh ● Koichi Satoh Design Studio／#504 Maison d'or Hongo, 1-35-28 Hongo, Bunkyo-ku, Tokyo 113
tel. (03)3815-6630 fax. (03)3815-6630

佐藤　卓｜104 東京都中央区築地1-9-4 ちとせビル5F　株式会社佐藤卓デザイン事務所
Taku Satoh ● Taku Satoh Design Office Inc.／5F Chitose Bldg., 1-9-4 Tsukiji, Chuo-ku, Tokyo 104
tel. (03)3546-7901 fax. (03)3544-0067

佐村憲一｜151 東京都渋谷区代々木5-67-2 前田ビル4F　ナンバーワン・デザイン・オフィス
Kenichi Samura ● Number One Design Office／4F Maeda Bldg., 5-67-2 Yoyogi, Shibuya-ku, Tokyo 151
tel. (03)3468-2521 fax. (03)3468-2526

澤田泰廣｜150 東京都渋谷区恵比寿南3-2-16 オクトピア恵比寿南601　澤田泰廣デザイン室
Yasuhiro Sawada ● Yasuhiro Sawada Design Studio／#601 Octopia-Ebisu Minami, 3-2-16 Ebisu-Minami,
Shibuya-ku, Tokyo 150　tel. (03)3794-0701 fax. (03)3794-0702

澁谷克彦｜104-10 東京都中央区銀座7-5-5　株式会社資生堂 宣伝部
Katsuhiko Shibuya ● Advertising Division, Shiseido Co., Ltd.／7-5-5 Ginza, Chuo-ku, Tokyo 104-10
tel. (03)3572-5111 fax. (03)3571-0732

清水正己｜107 東京都港区南青山2-15-6 ユースセンタービル1F・B1　清水正己デザイン事務所
Masami Shimizu ● Shimizu Masami Design Office／1F・B1 Youth Center Bldg.,
2-15-6 Minami-Aoyama, Minato-ku, Tokyo 107 tel. (03)3479-7148 fax. (03)3479-7230

杉本貴志｜156 東京都世田谷区上北沢3-34-17　株式会社スーパープランニング
Takashi Sugimoto ● SUPER PLANNING Co., Ltd.／3-34-17 Kamikitazawa, Setagaya-ku, Tokyo 156
tel. (03)3306-3811 fax. (03)3306-3824

副田高行｜107 東京都港区南青山1-24-3 TOTO乃木坂ビル7F　株式会社仲畑広告制作所
Takayuki Soeda ● Nakahata Co., Ltd.／7F TOTO Nogizaka Bldg., 1-24-3 Minami-Aoyama, Minato-ku,
Tokyo 107 tel. (03)3401-2824 fax. (03)3423-2675

高岡一弥 | 150 東京都渋谷区猿楽町14-23　株式会社DK
Kazuya Takaoka ● DK Co., Ltd.／14-23 Sarugaku-cho, Shibuya-ku, Tokyo 150
tel. (03) 3464-1602 fax. (03) 3476-5280

タカオカシゲユキ | 336 埼玉県浦和市領家6-15-21
Shigeyuki Takaoka ● 6-15-21 Ryouke, Urawa-city, Saitama 336
tel. fax. (048) 834-3679

高木　孝 | 106 東京都港区六本木3-15-29　有限会社栗八商店
Takashi Takagi ● Kurihachi Shoten／3-15-29 Roppongi, Minato-ku, Tokyo 106
tel. (03) 3505-5432 fax. (03) 3505-5433

高橋伸明 | 106 東京都港区西麻布2-12-1 西麻布ハイツ701　バハティ
Nobuaki Takahashi ● bahaty／#701 Nishiazabu-heights, 2-12-1 Nishi-Azabu, Minato-ku, Tokyo 106
tel. (03) 3409-1408 fax. (03) 3409-4139

高橋　稔 | 107 東京都港区赤坂6-5-21 シャトー赤坂303　株式会社高橋稔デザイン室
Minoru Takahashi ● Minoru Takahashi Design Room／#303 Chateau Akasaka, 6-5-21 Akasaka, Minato-ku,
Tokyo 107 tel. (03) 3587-1078 fax. (03) 3584-6139

高原　宏 | 107 東京都港区南青山1-15-22 ヴィラ乃木坂305　高原宏デザイン事務所
Hiroshi Takahara ● Takahara Hiroshi Design Office／#305 Villa-Nogizaka, 1-15-22 Minami-Aoyama, Minato-ku,
Tokyo 107 tel. (03) 3404-9963 fax. (03) 3404-9727

田中一光 | 107 東京都港区北青山3-2-2 AYビル7F　田中一光デザイン室
Ikko Tanaka ● Ikko Tanaka Design Studio／7F AY Bldg., 3-2-2 Kita-Aoyama, Minato-ku, Tokyo 107
tel. (03) 3470-2611 fax. (03) 3403-6873

タナカノリユキ | 154 東京都世田谷区上馬2-33-1 A.スペース102　Noriyuki Tanaka Activity
Noriyuki Tanaka ● Noriyuki Tanaka Activity／#102, A. Space, 2-33-1 Kamiuma, Setagaya-ku, Tokyo 154
tel. (03) 5481-4344 fax. (03) 5481-4345

谷口広樹 | 106 東京都港区南麻布5-13-6 有栖川パークマンション302　ビセ
Hiroki Taniguchi ● Bise Inc.／#302 Arisugawa-Park Mansion, 5-13-6 Minami-Azabu, Minato-ku, Tokyo 106
tel. (03) 3446-3848 fax. (03) 3448-0496

辻　修平 | 167 東京都杉並区下井草2-1-11
Shuhei Tsuji ● 2-1-11 Shimoigusa, Suginami-ku, Tokyo 167
tel. (03) 3399-5066 fax. (03) 3399-4022

坪内祝義 | 150 東京都渋谷区神宮前3-42-13 鈴木ビル301　TOKIデザイン室
Tokiyoshi Tsubouchi ● TOKI DESIGN STUDIO／#301 Suzuki Bldg., 3-42-13 Jingumae, Shibuya-ku, Tokyo 150
tel. (03) 3497-1336 fax. (03) 3497-1549

戸田正寿 | 104 東京都中央区築地7-16-3 クラウン築地307　戸田事務所
Masatoshi Toda ● Toda Office／#307 Crown-Tsukiji, 7-16-3 Tsukiji, Chuo-ku, Tokyo 104
tel. (03) 3545-1533 fax. (03) 3545-6648

友枝雄策 | 860 熊本県熊本市上通町5-20 セントラルハイツ801　株式会社友枝雄策デザイン事務所
Yusaku Tomoeda ● Tomoeda Yusaku Design Office／
#801 Central Heights, 5-20 Kamitori-cho, Kumamoto-city, Kumamoto 860 tel. (096) 322-6167 fax. (096) 325-7017

中垣信夫 | 160 東京都新宿区西新宿4-14-7 新宿パークサイド永谷1304　株式会社中垣デザイン事務所
Nobuo Nakagaki ● Nakagaki Design Office／
#1304 Park Side Nagatani, 4-14-7 Nishi-Shinjuku, Shinjuku-ku, Tokyo 160 tel. (03) 5350-2801 fax. (03) 5350-2688

中島祥文 | 106 東京都港区六本木5-16-17 シャローム402　ウエーブクリエーション
Yoshifumi Nakashima ● Wave Creation Inc.／#402 Sharom, 5-16-17 Roppongi, Minato-ku, Tokyo 106
tel. (03) 3586-1911 fax. (03) 3582-5953

仲條正義 | 106 東京都港区麻布台1-1-20 麻布台ユニハウス308　株式会社仲條デザイン事務所
Masayoshi Nakajo ● Nakajo Design Office／#308 Azabudai Uni-House, 1-1-20 Azabudai, Minato-ku, Tokyo 106
tel. (03) 5570-9093 fax. (03) 5570-9095

中谷匡児 | 350 埼玉県川越市富士見町5-7 太平ビル3F　有限会社サン アンド ムーン
Kyoji Nakatani ● SUN & MOON／3F Taihei Bldg., 5-7 Fujimi-cho, Kawagoe-city, Saitama 350
tel. (0492)24-6423 fax. (0492)29-1255 net64. (0492)29-1254

長友啓典 | 106 東京都港区六本木7-18-7 内海ビル4F　K2
Keisuke Nagatomo ● K2／4F Utsumi Bldg., 7-18-7 Roppongi, Minato-ku, Tokyo 106
tel. (03)3401-9266 fax. (03)3403-4180

中村　誠 | 113 東京都文京区本郷1-27-8 本郷ハウス1403
Makoto Nakamura ● #1403 Hongo House, 1-27-8 Hongo, Bunkyo-ku, Tokyo 113
tel. (03)3816-0580

中村政久 | 104 東京都中央区明石町8-1 聖路加タワー　株式会社電通 第1CD局
Masahisa Nakamura ● Creative Division 1, Dentsu Inc.／Seiroka Tower, 8-1 Akashi-cho, Chuo-ku, Tokyo 104
tel. (03)5551-4624 fax. (03)5551-2231

中森陽三 | 107 東京都港区赤坂9-6-19 メゾン岳南303　株式会社中森デザイン事務所
Yozo Nakamori ● Nakamori Design Office／#303 Maison Gakunan, 9-6-19 Akasaka, Minato-ku, Tokyo 107
tel. (03)3423-6161 fax. (03)3423-7666

成瀬始子 | 106 東京都港区西麻布3-8-26 KSフラット3B　成瀬始子デザイン室
Motoko Naruse ● Motoko Naruse Design Studio／#3B KS Flat, 3-8-26 Nishi-Azabu, Minato-ku, Tokyo 106
tel. (03)3402-4407 fax. (03)3423-1540

西村佳也 | 153 東京都目黒区青葉台3-5-6 オパス青葉台104　西村佳也企画室
Yoshinari Nishimura ● Yoshinari Nishimura Planning Office／
#104 Opus Aobadai, 3-5-6 Aobadai, Meguro-ku, Tokyo 153 tel. (03)3477-2337 fax. (03)3477-7561

野村高志 | 104 東京都中央区新川2-31-7 メゾンニューリバー803　株式会社カチドキ
Takashi Nomura ● KACHIDOKI／#803 Maison New River, 2-31-7 Shinkawa, Chuo-ku, Tokyo 104
tel. (03)5566-6875 fax. (03)5566-6876

長谷川好男 | 104 東京都中央区築地2-4-10 TENHAUS 5F　LDデザイン事務所
Yoshio Hasegawa ● LD Design Office／5F TENHAUS, 2-4-10 Tsukiji, Chuo-ku, Tokyo 104
tel. (03)3546-7605 fax. (03)3546-7604

日比野克彦 | 150 東京都渋谷区渋谷3-3-10 秀和青山レジデンス401　株式会社HIBINO SPECIAL
Katsuhiko Hibino ● HIBINO SPECIAL Co., Ltd.／
#401 Shuwa-Aoyama Residence, 3-3-10 Shibuya, Shibuya-ku, Tokyo 150 tel. (03)5485-8832 fax. (03)3407-7530

平野湟太郎 | 150 東京都渋谷区恵比寿西1-33-15 EN代官山1201　有限会社ムーンラビット
Kotaro Hirano ● MOON RABBIT Co., Ltd.／#1201 EN Daikanyama, 1-33-15 Ebisunishi, Shibuya-ku, Tokyo 150
tel. (03)3496-5941 fax. (03)3496-5934

平松聖悟 | 810 福岡県福岡市中央区高砂1-24-22 LHASAビル4F　有限会社クリエイティブスタジオMOV
Seigo Hiramatsu ● Creative Studio MOV／4F LHASA Bldg.,
1-24-22 Takasago, Chuo-ku, Fukuoka-city, Fukuoka 810 tel. (092)524-0521 fax. (092)524-2326

藤井陽一郎 | 150 東京都渋谷区神宮前1-22-1 オークラビル3F　Bakery37.1 藤井陽一郎デザイン事務所
Yoichirou Fujii ● Bakery 37.1 Yoichirou Fujii Design Studio／
3F Ohkura Bldg., 1-22-1 Jingumae, Shibuya-ku, Tokyo 150 tel. (03)3796-6315 fax. (03)3796-6316

藤幡正樹 | 252 神奈川県藤沢市遠藤5322　慶応義塾大学環境情報学部
Masaki Fujihata ● Faculty of Environmental Information div. KEIO Univ.／
5322 Endou, Fujisawa-city, Kanagawa 252 tel. (0466)47-5111 fax. (0466)47-5041

古村　理 | 106 東京都港区六本木7-5-11 カサグランデミワ512　シーソーアソシエイツ株式会社
Osamu Furumura ● SEE SAW ASSOCIATES INC.／#512 Casagrandemiwa, 7-5-11 Roppongi, Minato-ku,
Tokyo 106 tel. (03)3405-1209 fax. (03)3405-1217

細川栄二 | 228 神奈川県相模原市磯部2526-13　有限会社細川栄二デザイン・プロ
Eiji Hosokawa ● Eiji Hosokawa Design Pro./2526-13 Isobe, Sagamihara-city, Kanagawa 228
tel. fax. (0462)56-2868

前島敏彦 | 104 東京都中央区明石町8-1 聖路加タワー　株式会社電通 第1CD局
Toshihiko Maejima ● Creative Division 1, Dentsu Inc.／Seiroka Tower,
8-1 Akashi-cho, Chuo-ku, Tokyo 104 tel. (03) 5551-4810 fax. (03) 5551-2230

眞木　準 | 150 東京都渋谷区神宮前6-35-3、コープオリンピア202　眞木準企画室
Jun Maki ● Maki Jun Pro.／#202 Coop-Olynpia, 6-35-3 Jingumae, Shibuya-ku, Tokyo 150
tel. (03) 3400-0410 fax. (03) 3498-6083

間嶋龍臣 | 179 東京都練馬区光が丘7-6-3-203　間嶋デザイン事務所
Tatsuomi Majima ● MAJIMA DESIGN INC.／#203 7-6-3 Hikarigaoka, Nerima-ku, Tokyo 179
tel. fax. (03) 3825-1588

松下　計 | 153 東京都目黒区中目黒1-1-26 秀和恵比寿レジデンス106
Kei Matsushita ● #106 Shuwa-Ebisu Residence, 1-1-26 Nakameguro, Meguro-ku, Tokyo 153
tel. (03) 5721-0868 fax. (03) 5721-0670

松永　真 | 107 東京都港区南青山7-3-1 石橋興業南青山ビル8F　株式会社松永真デザイン事務所
Shin Matsunaga ● Shin Matsunaga Design Inc.／8F Ishibashi Kogyo Minami-Aoyama Bldg.,
7-3-1 Minami-Aoyama, Minato-ku, Tokyo 107 tel. (03) 3499-0291 fax. (03) 3499-3309

三﨑陽尹 | 104 東京都中央区銀座4-11-7 第二上原ビル　株式会社マジソン
Harumasa Misaki ● Madison Co., Ltd.／Uehara Bldg., 4-11-7 Ginza, Chuo-ku, Tokyo 104
tel. (03) 3545-4494 fax. (03) 3545-4493

水谷孝次 | 106 東京都港区六本木6-3-15 泰地六本木マンション1201　水谷事務所
Koji Mizutani ● Mizutani Studio／#1201 Taichi Roppongi Bldg., 6-3-15 Roppongi, Minato-ku, Tokyo 106
tel. (03) 3478-1931 fax. (03) 3478-2787

村瀬省三 | 460 愛知県名古屋市中区新栄3-12-4-1001　株式会社ピュア
Shozo Murase ● Planning Design Office Pure Co., Ltd.／#1001 3-12-4 Shinsakae, Naka-ku, Nagoya-city, Aichi 460
tel. (052) 262-1522 fax. (052) 262-1524

安原和夫 | 105 東京都港区浜松町2-4-1 世界貿易センター内局私書箱7号　株式会社資生堂 F.T.宣伝企画部
Kazuo Yasuhara ● Advertising Planning Department F.T. Division, Shiseido Co., Ltd.／36F World Trade
Center Bldg., 2-4-1 Hamamatsu-cho, Minato-ku, Tokyo 105 tel. (03) 3435-3980 fax. (03) 3435-7084

柳町恒彦 | 104 東京都中央区銀座6-16-5 吉野ビル5F　株式会社テイブル
Tsunehiko Yanagimachi ● T-ABLE, Inc.／5F, Yoshino Bldg., 6-16-5 Ginza, Chuo-ku, Tokyo 104
tel. (03) 3542-7857 fax. (03) 3542-7729/7753

矢萩喜従郎 | 151 東京都渋谷区本町1-37-1 メゾン・ド・ラメール202　株式会社キジュウロウヤハギ
Kijuro Yahagi ● Kijuro Yahagi Inc.／#202 1-37-1 Honcho, Shibuya-ku, Tokyo 151
tel. (03) 3375-9204 fax. (03) 3374-2459

山口至剛 | 150 東京都渋谷区渋谷4-3-13 常磐松葵マンション906　山口至剛デザイン室
Shigo Yamaguchi ● Shigo Yamaguchi Design Room／#906 Tokiwamatsuaoi, 4-3-13 Shibuya, Shibuya-ku,
Tokyo 150 tel. (03) 3486-1052 fax. (03) 3486-1053

山本洋司 | 104 東京都中央区銀座1-13-13 中央大和ビル　株式会社日本デザインセンター
Yoji Yamamoto ● Nippon Design Center Co., Ltd.／Chuo-Daiwa Bldg., 1-13-13 Ginza, Chuo-ku, Tokyo 104
tel. (03) 3567-3231 fax. (03) 3564-6144

湯村輝彦 | 160 東京都新宿区新宿6-3-10　株式会社フラミンゴスタジオ
Teruhiko Yumura ● Flamingo Studio Inc.／6-3-10 Shinjuku, Shinjuku-ku, Tokyo 160
tel. (03) 3352-9717 fax. (03) 3354-1767

吉田　臣 | 106 東京都港区六本木5-1-4 六和ビル5F　コミュニケーションアーツR
Shin Yoshida ● Communication Arts R／5F Rokuwa Bldg., 5-1-4 Roppongi, Minato-ku, Tokyo 106
tel. (03) 3405-0270 fax. (03) 3423-3585

特別会員　Guest Member

| 松岡正剛 | 153 東京都目黒区青葉台1-4-7-101　松岡正剛事務所
Seigo Matsuoka ● Matsuoka & Associates／#101 1-4-7 Aobadai, Meguro-ku, Tokyo 153
tel. (03)3780-0200 fax. (03)3780-0234 |

賛助会員　Supporting Members

株式会社 写研	170 東京都豊島区南大塚2-26-13 Shaken Co., Ltd. ● 2-26-13 Minami-Otsuka, Toshima-ku, Tokyo 170 tel. (03)3942-2211 fax. (03)3942-2301
大日本印刷 株式会社	162-01 東京都新宿区市谷加賀町1-1-1 Dai Nippon Printing Co., Ltd. ● 1-1-1 Kaga-cho, Ichigaya, Shinjuku-ku, Tokyo 162-01 tel. (03)3266-2111(main)
株式会社 竹尾	101 東京都千代田区神田錦町3-12-6 Takeo Co., Ltd. ● 3-12-6 Nishiki-cho, Kanda, Chiyoda-ku, Tokyo 101 tel. (03)3292-3611(main) fax. (03)3295-3980(main)
株式会社 電通	104 東京都中央区築地1-11-10 Dentsu Inc. ● 1-11-10 Tsukiji, Chuo-ku, Tokyo 104 tel. (03)5551-5111
株式会社 ピラミッドフィルム	105 東京都港区海岸1-14-24 鈴江倉庫5F Pyramid Film Inc. ● 5F Suzuesoko, 1-14-24 Kaigan, Minato-ku, Tokyo 105 tel. (03)3434-0840 fax. (03)3434-0375
株式会社 モリサワ	162 東京都新宿区新小川町8-30 山京ビル　株式会社モリサワ東京支店 Morisawa & Co., Ltd. ● Tokyo Branch, Sankyo Bldg., 8-30 Shinogawa-cho, Shinjuku-ku, Tokyo 162 tel. (03)3267-1231(main)
株式会社 ヤマト	104 東京都中央区新富町1-13-21 Yamato Inc. ● 1-13-21 Shintomi-cho, Chuo-ku, Tokyo 104 tel. (03)3297-4391 fax. (03)3297-4392

東京タイポディレクターズクラブ事務局

照沼太佳子
154 東京都世田谷区上馬2-33-1　A.スペース101　tel. (03)5430-4541 fax. (03)5430-4544

Tokyo TDC Head Office

Takako Terunuma
#101, A. Space, 2-33-1, Kamiuma, Setagaya-ku, Tokyo 154 tel. (81)(3)5430-4541 fax. (81)(3)5430-4544

悪い人ではなさそうだ。

年齢／36歳　身長／171cm　血液型／O型

ポップアート／ピーター・マックス　キャンディーズ／スーちゃん

嫌いな食べ物／ホヤ　スーツ／12着　通勤時間／1時間6分　初恋／小2

UFO／アダムスキー型　室温／21℃　下着／トランクス　γ－GTP／251V／L

残業／27時間／月　嫌いな上司／7人　嫌いな部下／2人　味噌汁の具／豆腐

玉子料理／スクランブルエッグ　野菜／白菜　睡眠時間／6時間　バレンタインチョコ／3個

嫌いなサル／マントヒヒ　日曜日の起床時間／10時07分　好きなサル／オランウータン　色／青

家族構成／妻1子1　コーヒーに砂糖／0杯　寿司のネタ／アナゴ　カラオケの十八番／つぐない

新聞／30分／日　お酒の量／日本酒換算1合／日　ネクタイ／31本

就職試験に落ちた会社／2社　憧れの名字／伊集院　ファミコン／10分／日　外国／アメリカ合衆国

力士／若ノ花　制服／セーラー服　ラーメン／醤油　オニギリ／鮭　車／1台　タバコ／24本／日

コンビニエンスストア／6回／月　散髪／0.68回／月　ピザ／アンチョビ　月の小遣い／5万8千円

トイレ／（大）1（小）6　座右の銘／他力本願　好きな鳥／鷲　結婚式出席／21回　曜日／土曜日

スパゲティ／カルボナーラ　スーパーマーケット／4回／月　TV／1時間33分／日　鍋／チゲ鍋

当社の他の内定／2社　ピンクレディー／ミー　くせ／髪に手をやる　時計／3個　方角／東

ウエスト／81cm　ノーベル賞受賞者／湯川秀樹　平熱／36.2℃　天気／晴れ　虫歯／12本

コーラス／テノール　ロシア料理／ボルシチ　アルコール／日本酒　既往症／肝機能障害

出身／神奈川県　花／バラ　引っ越し経験／5回　CD／207枚　レコード／386枚

カセットテープ／152本　ビデオ／300本　ドレッシング／和風　楽器／ピアノ

ポジション／ファースト　貰った年賀状／109枚　私用電話／5分／日

本／6冊／月　結婚式／神前　スペイン料理／パエリア

大阪名物／たこ焼き　東京土産／ヨーカン

胸囲／93cm

I&S

写真は、コンピュータ合成によるI&S社員の平均顔。
プロフィールは、アンケート集計によるI&S社員の平均値です。

人を気持ちよくさせるカタチってあるんだよね。

NTTデータ通信株式会社

約束は、ナチュラル・コンピューティング。

〒162 東京都新宿区市谷仲之町1-3 パインマナー201 TEL.03-3356-8471 FAX.03-3356-8479

製造・販売サントリー株式会社

容量750㎖ **7,500円** 希望小売価格(消費税込み)

なにも足さない。
なにも引かない。

歳月には力がある。歳月を養分にして、この琥珀色は滴った。だからピュアモルトの香りは、言葉に溶けてしまわない。はっきりと呟きが聞こえる。凜としたモノローグである。朴訥だが、明晰。シンプルだが、奥が深い。なんという矛盾だろう。静謐があって、覇氣がある。ゆったりと、鷹揚で、大きな流れと、縦横無尽に闊歩するものとが、同居している。何も足さない。何も引かない。ありのまま。そのまま。この単純の複雑なこと。

日本のウイスキーのふるさと山崎から
サントリーピュアモルトウイスキー山崎

SUN-AD
COMPANY LIMITED
Palace Building 1-1-1
Marunouchi Chiyoda-ku
Tokyo Japan 100
tel:03-3274-5021

自然と、やさしいおつきあい。

Nature Friendly

このマークが目印。

西友ネイチャーフレンドリー商品

いま、自然にやさしい、生活づくり。

芯なし130m
トイレットペーパー
[S]シングル/130m/6ロール

再生古紙100%

生活のちから
牛乳パック30％古紙70％
森林資源をもう一度生かして使う

トイレットペーパー
[W]2枚重ね/30.0m/12ロール

漂白していないので安心です
再生紙トイレットペーパー

無漂白

30m(2枚重ね)×12ロール
エンボス加工でソフトな肌ざわり

12R

無駄な紙芯がなく、ふつうのホルダー
でもご使用できます。再生紙100％。

●環境優選トイレットペーパー **478**円

6ロール、芯なし130m巻、シングル

牛乳パック30％、古紙70％を使用。
エンボス加工で、柔らかに仕上げました。

●環境優選トイレットペーパー **395**円

12ロール、30m巻、2枚重ね

再生紙を使っても無漂白、製造の工程
を省きコストをおさえました。

●百選廉価トイレットペーパー **368**円

12ロール、30m巻、2枚重ね

そして、できること、小さなことから。

ちょっと気になる、G8。

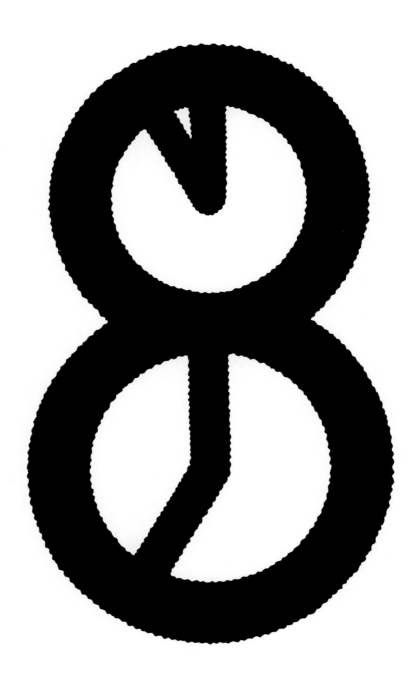

11時〜7時 営業中

クリエイションギャラリーG8

〒104 東京都中央区銀座8-4-17 リクルートG8ビルⅠF TEL03-3575-6918 / 土・日・祝日休館 入場無料

PAPER IS THE

T

HEART OF DESIGN

Ⓜ 株式会社 竹尾

本社:
101 東京都千代田区神田錦町3-12-6
Tel. 03-3292-3611(大代表)

京橋支店:
135 東京都江東区有明1-5-30
Tel. 03-3529-2111(代表)

名古屋支店:
462 名古屋市北区瑠璃光町1-7
Tel. 052-911-3151(代表)

福岡支店:
812 福岡市博多区豊1-9-20
Tel. 092-411-4531(代表)

香港営業所:
Tel. Hong Kong 8073002

板橋支店:
175 東京都板橋区高島平6-6-1
Tel. 03-3979-2121(代表)

大阪支店／大阪見本帖
577 東大阪市高井田中1-1-3
Tel. 06-785-2221(代表)

仙台支店:
983 仙台市若林区六丁の目西町7-31
Tel. 022-288-1108(代表)

札幌営業所:
060 札幌市中央区北2西2服部ビル3F
Tel. 011-221-4691

青山見本帖:
150 東京都渋谷区神宮前5-46-10
Tel. 03-3409-8931

タショニム フォント見本帳
発表 !!

多書体を思う存分，御利用下さい。

和文書体
71

タショニムコードが
大きく見やすくなり
ました。

仮名書体
75

欧文書体
227

●タショニムフォント見本帳を御希望の方は，本社または各営業所へお申し込み下さい。

株式会社 写研

●本社／〒170 東京都豊島区南大塚 2-26-13 ☎(03)3942-2211

●営業所／札幌・仙台・金沢・静岡・名古屋・大阪・広島・福岡・高松

TypeBank Font
for Macintosh

タイプバンクフォントのファミリーコンセプト

明治初期から始まった活版印刷には活字書体が、戦後のオフセット印刷には写植書体が、その時々の技術や世情を反映して生まれた。「デジタル化」、この第三の変革を迎えてタイプバンクが制作したタイプバンクフォントのファミリーが充実しました。明朝体・ゴシック体に加えて横太明朝体および丸ゴシック体が加わりました。タイプバンクの制作する書体のファミリーはその全てが共通のデザイン要素を持つという、新しいファミリーの考え方を追求して創られています。現状のタイポグラフィにおいてはさまざまな何ら統一されていない書体が同一紙面の中で混植されてきましたが、この書体を使うことにより明朝体とゴシック体というカテゴリーの違う書体の間にも整合性が生まれ、タイポグラフィに新しい、美しさが生まれます。

TypeBank font family concept

		TBMM	TBMDE	TBME	TBMH	TBYMM	TBYMH
TypeBank font	Regular	あ	あ	あ	あ	あ	あ
Variation of kana	Tsukiji	あ	あ	あ	あ	あ	あ
	Komachi	あ	あ	あ	あ	あ	あ
	Yukinari	あ	あ	あ	あ	あ	あ
	Ryokan	あ	あ	あ	あ	あ	あ
	Koudouken	あ	あ	あ	あ	あ	あ

味岡伸太郎かなシリーズ

1984年秋、「小町」「良寛」という2つのかな書体がタイプバンクから発表されました。味岡伸太郎かなシリーズと名付けられたこの2書体は19年前の「タイポス」同様、爆発的な反響を呼びました。

「小町・良寛」がタイプフェイスデザインで、その形以上に重要なのは、一つの漢字に対して複数の「かな」をデザインするという考え方でした。漢字離れが進む日本の文章は、60〜70%が「かな」で占められています。テキストの表情は「かな」で決定されると言っても過言ではありません。

タイプバンクの漢字書体は、レギュラーかなに築地・小町・行成・良寛・弘道軒を加えた6種のかなが揃っています。内容に合わせて「漢字」と「かな」の組み合わせを変えるだけで、テキストの表情は驚くほど豊かに息づきます。

お問い合わせは

株式会社タイプバンク
東京都渋谷区千駄ヶ谷1-33-5
千駄ヶ谷パークスクウェア3F 〒151
Phone 03 3359 6013
Fax 03 3359 6016

Macintoshは
アップルコンピュータ社の
登録商標です。

漢　漢　漢　漢　漢　漢　漢　漢

| TBGR | TBGM | TBGDB | TBGB | TBGE | TBGH | TBRGR | TBRGH |

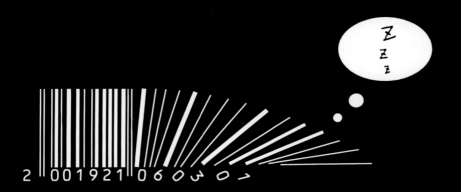

消費者は、上手に起こされるのを待っています。

深い眠りからようやく目覚めそうな昨今の消費者動向。こんな世の中には確実に人を動かす「効く」コミュニケーションこそが求められます。そこで、電通。1901年創業。20世紀に日本が体験したすべての「不況」から学び、積み重ねてきたノウハウをもっています。例えば、「電通生活者総合調査（略称DCR）」。1974年から毎年実施されている、日本でも有数の消費者行動データベースです。さらに、新市場開拓プロジェクト、メディア効果プロジェクトなど、多面的な研究・開発計画や、メディアミックス、多彩なプロモーション活動で、「効く」コミュニケーションを実施中。まだ寝ぼけぎみの消費者のみなさんを気持ちよく起こす会社、それが、電通です。

きちんと動かすコミュニケーション

PYRAMID FILM INC.

ARCHES

Expression

Il y a des images,
il y a des photos, il y a des mots qui,
plus que d'autres, méritent un papier
pas comme les autres.

アルシュ・エキスプレシオは、一九九五年の夏、日本にあらわれる。

●予言ならはずれることもあるだろうが、これは予告なので決してはずれない。

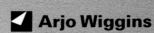

Arjo Wiggins
fine papers - papiers fins

DISTRIBUTED BY YAMATO INC.

ぼくは、生まれ変わったぞ。

Light Publicity Ltd.
Ginza Tatsuoka Bldg., 6-12-10, Ginza, Chuo-ku, Tokyo, Japan
Phone:(03)5568-1200 Fax:5568-3482

TYPEDIRECTION IN JAPAN 1994-95

Publisher   Shingo Miyoshi
Published by P・I・E BOOKS
              #301, 4-14-6, Komagome,
              Toshima-ku, Tokyo 170.
              Phone: 81-3-3949-5010 Fax: 81-3-3949-5650

年鑑日本のタイポディレクション'94-'95

発行日   1995年8月1日 初版第1版発行
発行者   三芳伸吾
発行所   ピエ・ブックス
        〒170 東京都豊島区駒込4-14-6-301
        Phone: 03-3949-5010 Fax: 03-3949-5650

印 刷 ㈱サンニチ印刷
Printed in Japan by Sannichi Printing Co.,Ltd.